プロの磯釣り師がアナタの悩みを一刀両断!!

グレ釣りアカデミー

釣り場での
ピンチを
ズバッと
解決

平和卓也

JN117726

百戦錬磨のピースだからこその明快な答えがある

釣れるときは簡単だけど
食わないときはすこぶる厄介
一筋縄ではいかないからこそ悩みは尽きない
圧倒的な経験に基づくピースの理論とノウハウで
アナタのグレ釣りは進化する

さあ、アナタのグレ釣りを レベルアップだ！

はじめに

アナタはグレ釣りで悩んでいることはありませんか？　初めて上がった磯ではどこに釣り座を構えるのか、最初に投げる仕掛けはどう決めればいいのか、ごまんと小サバがわいた中でどうやってグレを狙うのか、水温が下がってエサ取りもなにも見えないときはどうすればいいのか…。グレ釣りを始めて間もなければ知らないことばかりでしょうし、経験を積んでいれば、経験度によって新たな悩みや疑問が生じていることでしょう。

そうした様々な悩みや疑問を平和卓也さんがズバッと解決してくるのがこの一冊です。

30歳でプロアングラーに転進し全国各地で年間１００日以上磯に立つ平和さん。トーナメントでも活躍し輝かしい成績を残したあと、近年は大型狙いに情熱を燃やしながら、グレ釣りの楽しさや奥深さを様々なメディアや講習会などで発信、活躍を続けています。

そうした圧倒的な経験値に基づく平和さんの回答はすこぶる明快。質問はタックル、ポイント、エサ、テクニックなどの項目に分かれているので、見たいところがすぐに見つかります。釣行前の予習や釣行後の復習はもちろん、タ

ックルバッグに忍ばせて釣り場で活用することもできます。平和さんの理論とテクニックを吸収すれば、アナタのグレ釣りはレベルアップしているに違いありません。

磯釣りスペシャル編集部

本誌は『磯釣りスペシャル』読者の皆さまから寄せられた平和卓也さんに答えてほしい質問に、平和さんが分かりやすく懇切丁寧に答えてくれる大人気連載「ピース・アカデミー」(2016年11月号から2020年11月号)で掲載した記事を抜粋し訂正・再編集したものです。文中の聞き手は編集部です。

CONTENTS

プロの磯釣り師がアナタの悩みを一刀両断!!
釣り場でのピンチをズバッと解決
グレ釣りアカデミー
平和卓也

TACKLES part 1

タックル編

どんなタックルを持っていけばいいのか、
最初に投げる仕掛けは何がいいのか、
アタリウキや1号ウキの使い方や仕掛け交換の頻度など、
まずはタックルに関する疑問を解決していこう。

Q 磯に持って上がる荷物一式を教えてください

A 予備をたっぷり入れているので基本は5点 フカセで釣れない魚に備えルアーも欠かせない

■平和さんが磯に上がられる際の荷物一式を教えてください。

◎

ロッドケースがありますよね。各社いい方が違いますけど道具入れのクールバッグ。それにバッカン。竿立てにもなるしエサが多い場合は予備のエサ入れにもなるフィッシュバッグ。あとはクーラー。だから5点になるんですね。まあ、フィッシュバッグの中にバッカンを入れたりするから4点になることもあるし、クーラーがいらない寒の時期とか、僕はクーラー持って行かないので、そのときは3つになります。

—内訳はどんな感じですか。

ロッドケースの中はマキエシャクが4、5本。タモの柄。枠は40センチのワンピースと、もしもそれが折れたときのために45センチの四つ折りも入れてます。竿が少なくて6本、多かったら9本ぐらいですね。

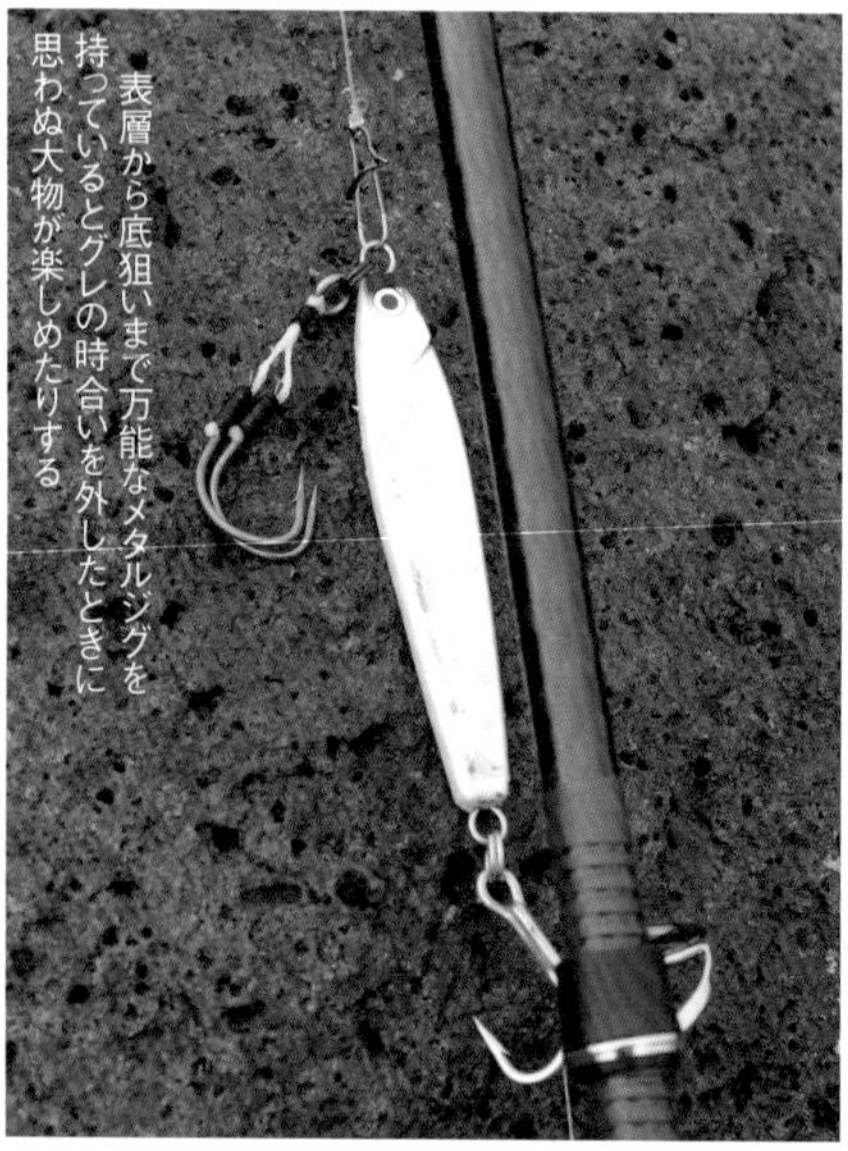
表層から底狙いまで万能なメタルジグを持っているとグレの時合いを外したときに思わぬ大物が楽しめたりする

—あらゆる状況に対応できるようにですね。

そうですね。フカセ釣りだけでなく、ルアーを投げたりする竿も入ってますしね。リールは基本的に竿にセットしてロッドケースに入れてることが多いんでフカセは3台。ルアー用を入れたら4台。

—タックルバックの中にはどんなものが入ってますか。

ウキが多いときで300とか。仕事にもよるんですけど。僕のね、荷物はほとんど予備ですよ。例えばパーツケース1個落としたらもう仕事にならないんで。全部ポケットの中身が落ちても大丈夫なようにもう1セット以上持ってるんで、ガン玉からハリからサルカンも含めて小物類も何袋も。ハリスもまあまあ十何個は号数別に。スプールも今PEもちょっと持ってるから4つ5つは最低でも。あとはルアーも入ってます。

—どんなルアーが入ってるんですか。

ルアーは難しいものは一切入ってないです。投げて巻くだけのものが多いですね。ポッパー系がちょろっとと、あとはメタルジグや投げて巻くだけのバイブレーション、それらがメインですね。

フカセの休憩時にジグでヒラメ77センチ

—ルアーはどういうときに出番があるんですか。

さみしくなったときですよ（笑）。あるじゃないですか、釣れなくて。それにちょっとこのへんに根魚がおりそうでええ雰囲気やなと。フカセでは絶対に釣れない魚なんで。せっかく磯に行ったらもったいないじゃないですか。絶対面白いしおいしい。やらないとそういう魚と出合えない。

この間も壱岐《いき》（長崎県）に行って、ちょっと一息入れよかってときに、40グラムのメタルジグを投げたらゴゴンときて、77センチのヒラメが釣れました。

—すごいですね。

これ、フカセで絶対釣れないじゃないですか。磯はフカセだけじゃないです。まあ、こんだけフカセやってる僕が言うのもなんですけど。でも、楽しい釣りをみんなにしてほしいです。

Peace's Advice

投げて巻くだけのルアーがあれば おいしい魚が釣れて楽しい

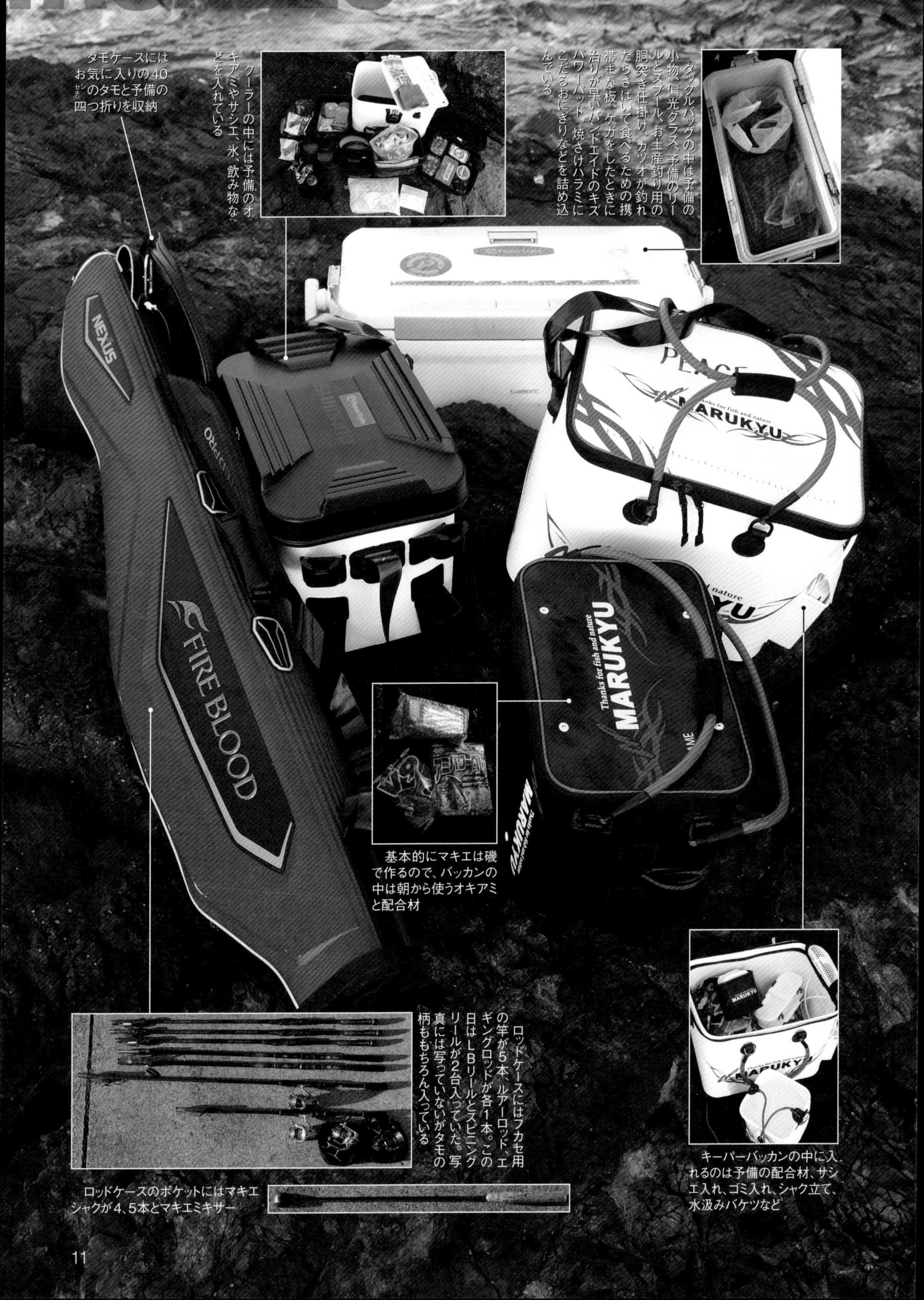

クーラーの中には予備のオキアミやサシエ、氷、飲み物などを入れている

タックルバッグの中は予備の小物、偏光グラス、予備のリールとスプール、お土産釣り用の胴突き仕掛け、カツオが釣れたらさばいて食べるための携帯まな板、ケガをしたときに治りが早いバンドエイドのキズパワーパッド、焼さけハラミにこだわるおにぎりなどを詰め込んでいる

タモケースにはお気に入りの40センチのタモと予備の四つ折りを収納

基本的にマキエは磯で作るので、バッカンの中は朝から使うオキアミと配合材

キーパーバッカンの中に入れるのは予備の配合材、サシエ入れ、ゴミ入れ、シャク立て、水汲みバケツなど

ロッドケースにはフカセ用の竿が5本、ルアーロッド、エギングロッドが各1本。この日はLBリールとスピニングリールが2台入っていた。写真には写っていないがタモの柄ももちろん入っている

ロッドケースのポケットにはマキエシャクが4、5本とマキエミキサー

Q 最初に投げる仕掛けを教えてください

A 海を見てオモリがいるかどうかを確認し00かBか1号かでスタートしますね

■磯に上がって最初に投げる仕掛けは何ですか？◎

この仕掛けからスタートって決めていう人は多いと思うんです。そういうスタイルもいいと思うんです。でも僕はね、バラバラなんですよ。季節と海を見てから決める。まずは海を見て、シケてるなとか、潮速いなあとか、深そうやなとか、ここ浅いなとか、あそこのシモリは浅いなとか、そういうことを考えてから仕掛けを組むんです。一番気にしているのはオモリがいるのかいらないのかってこと。たとえばサラシがきついとか、潮が速いとか、風がきついなってなると、これはオモリがないと釣りづらい。どれくらいのオモリがあればなじむかなってところから考えるんでね。オモリの必要性から最初に投げる仕掛けを決めますね。

最初からシモっていくような仕掛けにはあんまりしないので、基本的にウキが浮いた状態で小さなオモリで微調整ができる、少し余浮力のあるウキを使います。ウキ下は季節によって違うんでね。水温がそこそこあるなら2ヒロだし、尾長場なら1ヒロになるし。

——仮に2ヒロで始めるとして、風もなく潮も緩い、サラシもないならどんな仕掛けで始めますか。

0か00をチョイスして、ウキ下イコールハリスの長さ。オモリなしで始めて状況に合わせてG5とか6とかで様子を見るでしょうね。

——風があって0や00でなじみそうになければどうでしょうか。

2Bや3Bから始めるってことはあまりないですね。0で難しそうならBかな。僕の釣りって、0か00、それからB、1号って飛ぶんですよね。もちろん2Bや3Bを使うこともありますよ。それはBでは足りん、1号まではいらんってときなんで、振り分けを簡単にいうと00とBと1号。オモリがいりそうならB、いらなさそうなら00、これはもうあかんってなったら1号だし。この3つのどこに軸足をおくかを決めて、あとは微調整で2Bだったり3Bだったり、00を0やマイナス0に替えたり。

2日釣りであれば初日の様子から、アタリが少なくてタナも深いとなれば、2日目は朝一から1号使ってるでしょうしね。

大きく区切った方が最初は分かりやすい

——3つの差がはっきりしているので分かりやすいですね。

雰囲気が分からないうちは大きく分けた方がいいんですよ。もうちょっとだけ深いんかなとか、エサが取られるなってなれば微調整になってくるんで、そのときは微調整で区切っていけばいいですが、最初は大きく区切った方が釣りは分かりやすくなると思いますね。

スタートの仕掛けって悩む人が多くてよく聞かれるんですけど、基本的になんでもいいんですよ。どんな仕掛けで何ヒロからスタートしようが、釣れへんかったら替えるわけですから。ただ、入り方がややこしくて悩むんだったら0で2ヒロからって決めておけばいいですよとはいいますけどね。

海を見てから一投目の仕掛けを決めるピース。基本的は00、B、1号のどれかからスタートすることが多い

Peace's Advice

ややこしくて悩むなら0のウキで2ヒロと決めればいい

Q ハリの選び方を教えてください

A たまたま掛かる大型外道とも安心して戦える形が好きで強度があるグレバリの太軸がメイン

■平和さんは『ピース・ザ・ビー』でヒラマサですらグレバリで釣られておられますが、その時々のハリの選び方、ハリの結び方などを教えていただけますか。

◎

——選び方からお願いします。

僕の場合は形が好きだっていうのもあるんですけど、基本的にグレバリが中心です。チヌを釣るときもグレバリですし、ちょっとしたマダイなんかもグレバリの大きめを使ったりすることが多いんですよ。

もちろんヒラマサを狙いに行くときはヒラマサバリを使いますよ。シマアジとかもそうです。だからグレ釣りしているときにヒラマサとかシマアジとかマダイとかが、たまたま掛かって取れたというのを見られたのかな。

でも、取れてるのは太軸を使うからですよ。グレバリの太軸をメインに使ってるんです。例えば速攻グレのXとかは相当太いんです。新しいハリを使おうかと思っても、まず細軸はチョイスしない。一応バッグの中には持ってますけど、スタートからほぼ100パーセント太軸しか使わない。困ったときにだけ細軸にしますけどね。

パワフルな魚が食ってくるのが磯の魅力。60センチオーバーのイズスミをねじ伏せてしてやったり

折れるハリは許せないから持ってる8割以上が太軸

——それはなぜですか。

過去に何回もやられたからですよ。ハリ先が折れるとかフトコロが伸びるとか。伸びるのはまだ百歩譲って許せますけど、折れるのはもう信頼落ちるんで。ハリが悪いんじゃなくて、基本的に食わせに走ってるハリが多いんで、折れて当然な細さのハリも売ってますが、それは状況に応じてそういうハリを使うためなんですよね。

でも、ハリが折れたら悔しいじゃないですか。僕はそれが許されないので、持ってるハリの8割以上が太軸。だから小バリになっても折れることはまずない。ただ当然刺さりの問題でいうと、太いわけですから、細軸と比べたらよくないかもしれないです。

——使う上での注意点とかは？

ないですないです。太軸を使ってるからハリの心配は、やり取りの上でまったくしてないんで。だから戦える。たまたまグレ釣りしてて掛かった大物とも戦える。ハリはいろいろと考えて作られてるので、チヌにより適したのはチヌバリなのは分かるんですけど、僕のスタイルでは磯釣りでは何がくるか分からないし全部取りたいというのもあるから、グレバリの太軸に落ち着いたのかな。

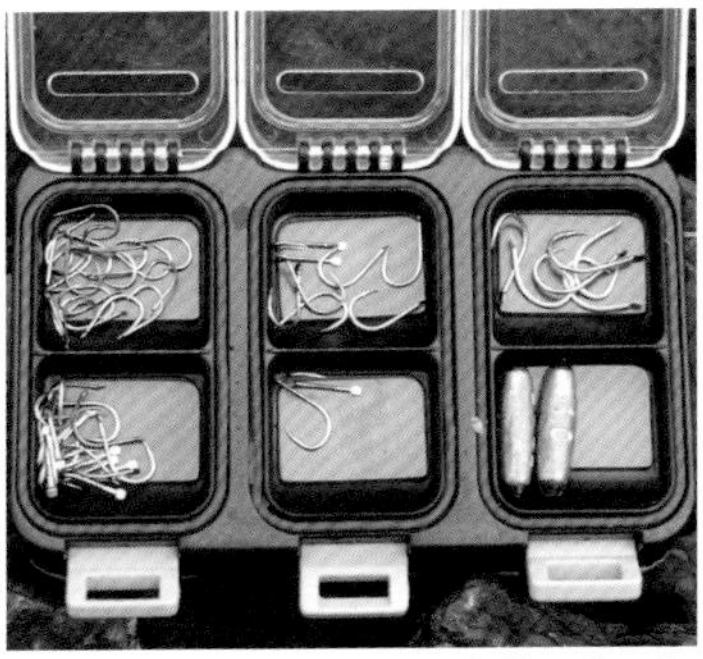
平和さんのハリケースには太軸のグレバリがずらりと入っている

Peace's Advice

**ハリが折れたら悔しい
太軸なら小バリでも大丈夫**

Q ハリ結びの巻き付け回数やマクラの有無は？

A 3～4回巻き付けてしっかり締めれば大丈夫 サシエを横に向けたいときはマクラをかます

■平和さんはハリを結ぶとき巻き付け回数が少ないですが、多くすることはないですか。また、マクラは入れないのでしょうか。

◎マクラは基本的には入れてないです。ただ、特殊な釣りするときだけ入れたりすることあります。サシエの角度を変えたいときですね。尾長を狙っててサシエを横向きにするとかね。軸に対して普通はまっすぐハリスが出ますよね。マクラを二重とか入れて横に出す。

――軸に対してハリスを直角に？

そうです。サシエが横向きになるじゃないですか。オキアミのボイルをエサに尾長を狙うときに試してるんです。マキエのボイルって丸いので横向きに沈むじゃないですか。それにサシエを合わせるのと、横向きにすることでフォールがスローになるんですね。ただ、普通にフカセ釣りをやってるときにはマクラは入れません。

――それはなぜですか。

必要ないから。極力面倒くさいことは避けたいから。だから（外掛け本結びでの）軸への巻き付け回数も3回か4回。それ以上の必要性を感じないからです。

本線も端糸も軸の内側ハリ結びは締め込みが命

昔は7回とか巻いていましたけど、巻き付け回数を増やすことで強度が上がるわけでもないのでね。回数をいろいろ試してみたんですよ。2回ではさすがに緩むし、頼りないし。3回あれば十分なんです。しっかり締めたらですよ。端糸も本線もハリ軸の内側にしっかり沿うということが条件。外側に回るというのは論外で、耳の裏に本線が回るとハリを外す方に力がかかりますからね。端糸もけっこう横に出てる人が多いですね。

端糸が横に出ると強度は落ちていると思ってもらってけっこうなんで、端糸もまっすぐ内側に沿わないといけない。そしたらサシエを刺すのに邪魔にならないしきれいに刺せる。

――端糸が横に向かないようにするコツは？

締め方なんですよ。端糸を引っ張って本線も引っ張ってその中でハリも引っ張るんですよ。そしたら絶対まっすぐになる。端糸を長く取って歯で押さえて本線を引っ張って軽く締めたあと、ハリの内側に沿うようにして、最後に端糸を引っ張る力がハリにかかるように意識しながら本線も引いて締め込んでいきます。ハリ結びは締めることが命ですね。

端糸をくわえて引っ張る力をハリに加えながら本線を締め込んでいく

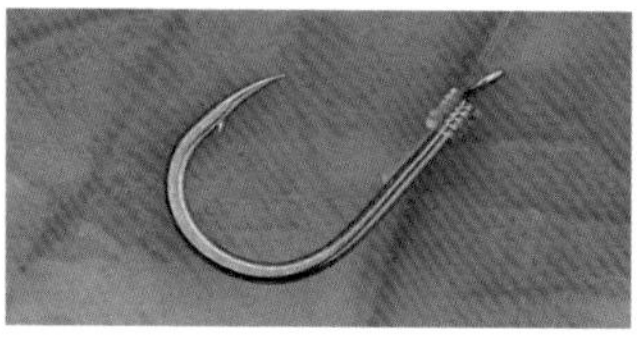

端糸と本線がきっちり内側からまっすぐ出ていると強度はもちろんのこと、サシエもスムーズに刺せるのだ

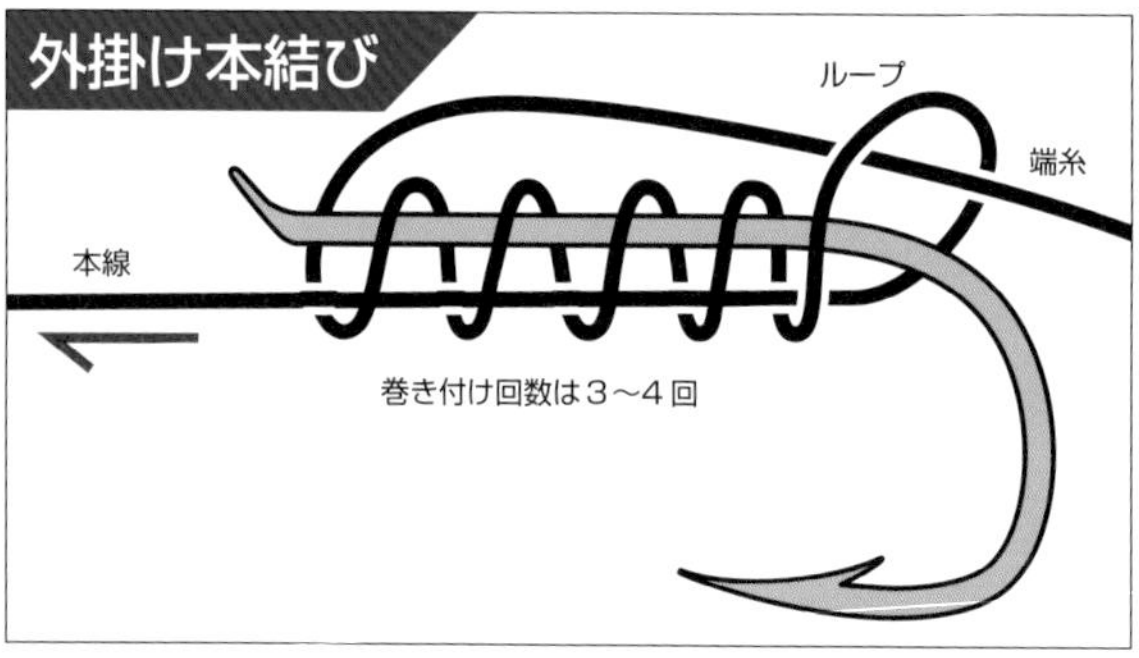

Peace's Advice

端糸と本線とハリの3方向にしっかり締めることが大事です

Q どうしてグレは軽い仕掛けで浮かせて釣るのですか

A マキエに対して浅いタナに浮きやすい魚なので軽い仕掛けの方が釣りやすい状況が多いということ

■私は浮力のあるウキを使いガン玉を打ってグレのタナを探るイメージで釣りをしていますが、磯で知り合った方に「グレは軽い仕掛けで浮かせて釣るのが基本だよ」といわれました。なぜグレは軽い仕掛けで浮かせて釣るのですか。

◎

これはね、考え方がたくさんあると思うんですよ。僕もね、チヌは大きいオモリで、グレは軽い仕掛けでやるんやといろいろ聞かされてきました。ただ、軽い仕掛けで釣るのが基本だよっていうのはニュアンスであって、間違いではないんですけど正解でもないんですよね。

グレっていう魚がこれだけ人気があるのは、ひとつは海面に撒いたマキエにチヌよりも上がってきやすいこと。だから見える世界になったり、浅いタナで連打するとか起こり得るわけです。これは全国のグレ場でいいときはそうなりますよね。グレという魚の特性なんで。浮いてくる魚だから、そういうときは浅いタナでやるのが当然で大きいオモリいらんでしょっていう話ですね。それが進化していって00とかガン玉なしとかがはやっているだけです。

もちろんオモリを打って釣っても決して間違いじゃない。僕も00から1号までバンバン使うんでね。ただ頭の中ではいつも、潮が変わったから浅く浮いてくるかもしれない、軽い仕掛けに戻した方がいいかもしれないと思いながらやってるのは確かです。つまり、軽い仕掛けじゃないとグレが釣れないのではなく、軽い仕掛けの方が釣りやすい状況が多い、そう思っておけばいいんじゃないですか。

オモリを嫌うのではなくエサを吸い込みにくい

グレがオモリを嫌うという話がたまに出ますけど、それはないと思います。オモリを見て食ってるわけじゃないし。活性が低いときサシエをくわえた瞬間に違和感を感じるというのは、マキエは食った瞬間に体の中に入るのに対し、サシエには糸がついている、もしくは近くに大きいオモリがついてるため吸い込もうと思っても吸い込めない。それで自然に外れてしまうとか、ハリの硬さを一瞬感じて放すとか。そういうレベルの話だと思いますね。

Peace's Advice

浅いタナを狙うのなら大きいオモリはいらないでしょ

グレはマキエに反応し浮きやすい。浅いタナまで浮いてくるなら必然的に軽い仕掛けが使いやすくなる

Q 同じタナを違う仕掛けで釣る理由は？

A ウキ下を決めるとウキを沈めるよりも連打させやすい 食い渋るときは仕掛け全体を軽くチェンジ

■同じタナを釣るのにも違うウキやガン玉で攻める理由を教えてください。

◎

大会で選手の釣りを見たり、各地で一般の人の釣りを見たりしてると、0系のウキを使って、オモリを打たずにウキを沈めていく釣りが多く見受けられるんです。ウキ下2ヒロの仕掛けで投げて2ヒロ、2ヒロ半、3ヒロ、4ヒロってウキを沈めながら探っていく釣りですね。片や僕がやっている2Bとか5Bとか1号のウキでタナで止める釣り。同じ4ヒロを狙うんですがまったくもって世界が違うんですね。

——というと?

ウキを沈めていく釣りは、理論上はもっとも分かりやすく聞こえるんです。マキエは沈んでいきますからそれと同じ沈下スピードで、軽い仕掛けを沈めていった方がヒット率は高いよと、どっかで食ってくるよと。この釣り方で食ってくるならいいんですよ。別に否定はしないし僕もたまにそういう釣り方もしますから。それで釣れないときが問題なんです。

僕はウキでアタリを見て掛けていく釣り、「きたーっ!」てアワセを入れられる釣りが好きなんですね。一方のウキを沈めていってどっかで食ってくれればいいわというのは一期一会の釣りになりやすい。いい魚が釣れたとしてもどこで食ったのか確信が持てない。僕はそれが気持ち悪い。入れていく釣りではなくタナを刻んでいって一旦仕掛けが止まる、サシエも止まる。間違いなくいま4ヒロのウキ下になっている。これで食わせるのと2ヒロからウキを沈めていって4ヒロぐらいで食ったというのは全然違います。

——何が一番異なりますか。

要は2尾目に出合えるかどうか、自信を持って2尾目を追える

ウキごと沈めてタナを探るのか、ウキ下を決めてタナを刻んで狙うのか、シチュエーションに応じて使い分けられるようになりたい

かってことですよ。タナを刻むことで魚はここにおる！　と確信を持って釣れるし連打できるんですよ。それで釣れなくなったら今度は4ヒロ半やって展開できるじゃないですか。ただ、そこに強風が吹き荒れたりするとウキを沈めていかなければならないこともある。でも根本的にはウキ下を設定した釣りを軸にしたいなと思いますね。

やっぱりタナで止まっているエサがあるから魚が触ったら分かるんですね。入れていく釣りだと途中で魚がエサを触っても入っていくから分からない。グレって魚はエサをバーンって食ってギューンって走っていくときもあるし、ぴゅっと吸い込んでぴゅっと吐き出すこともある。ギューンっていくやつは心配しなくても釣れますが、吸って吐き出すような魚は掛けにいかないと釣れないのでね。そういう魚を1尾でも増やした方が面白いと思います。

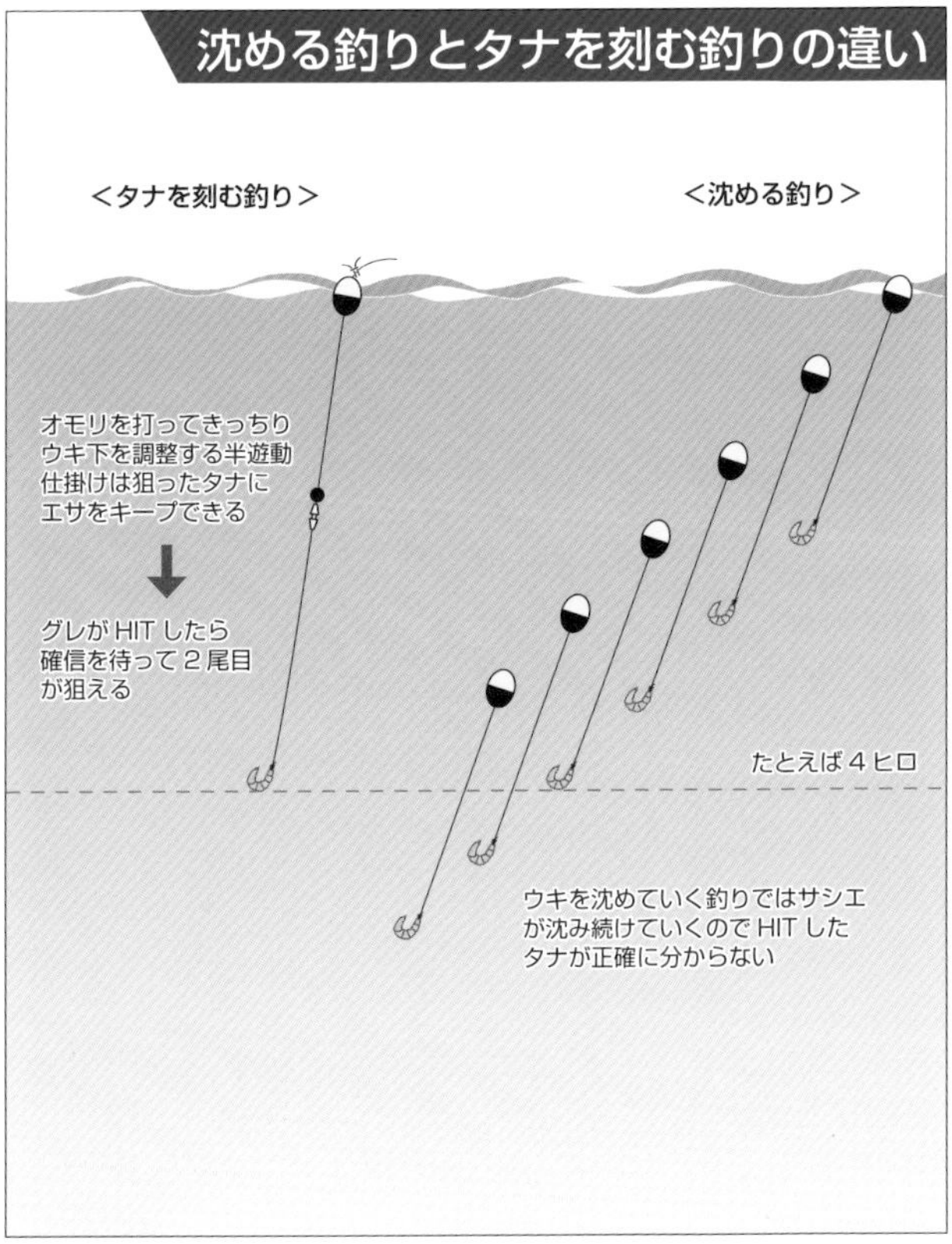
沈める釣りとタナを刻む釣りの違い
＜タナを刻む釣り＞
＜沈める釣り＞
オモリを打ってきっちりウキ下を調整する半遊動仕掛けは狙ったタナにエサをキープできる
グレがHITしたら確信を待って２尾目が狙える
たとえば４ヒロ
ウキを沈めていく釣りではサシエが沈み続けていくのでHITしたタナが正確に分からない

アタリが出にくければ仕掛け全体を軽くする

―― 同じタナでもBや2Bを使う場合と5Bや1号を使う場合がありますよね？

どちらの仕掛けもタナできっちり止まればサシエの位置は同じです。でも仕掛け全体の重量が違う。それでアタリが出にくいとか合わせられないとかになってきたら極力仕掛けは軽くしたい。要は重たいものを引っ張るからたいへんなわけですからね。

オモリは大きい方がきっちりタナに入るし、少々風が吹いても影響を受けにくい。そこから入ってですよ、エサは取られるけどウキが入らないとか、エサを放されてしまうようであれば、仕掛けを軽くすると食い込みがよくなることはありますね。ただ、仕掛けは軽くなるほどタナに入るまでに時間はかかるし、風などの影響も受けやすくなるので釣りが難しくなる。だから3Bの仕掛けで釣れるときにわざわざ00にはしない。ハリスの太さやハリのサイズなんかもそうですよね。最初から食い渋り対策って、せつないスタートを切る必要はないんじゃないですかね（笑）。

Peace's Advice

タナを刻める仕掛けを使えば確信を持って連打できる

ウキを浮かせてタナを刻むことで再現性が高まり次の一尾を手にできる

Q グレ釣りに1号ウキを使う理由は？

A 確実にサシエが入り魚がいるかが把握できるうえ1尾釣れれば自信を持って2尾、3尾とつなげられる

■平和さんはグレ釣りによく1号をウキを使われますが、どうしてでしょうか。そのメリットを教えてください。

◎

1号のウキを使いたいわけじゃなくて1号のオモリが必要なんですよ。1号のオモリを使いたいので1号のウキがついてくる。1号の出番があるのは深い場所を釣りたい、竿1本半以上とかね。もしくはかなりのウネリと大サラシで、どうしても竿1本半以上のタナで止めたいってときに使うんです。1号のオモリの力があると、とても便利なわけですよ。

たとえば軽い仕掛けで3ヒロでエサが取られない、4ヒロもダメだ。このままずんずん沈めていってどこかで当たれってスタイルも悪くはないと思うんですけど、2ヒロや3ヒロや4ヒロでエサが取られない状態の中で、軽い仕掛けで沈めていくことが待ってられないんですよ。4ヒロまで取られないことが分かっているのなら魚がおらんタナは一気に突破したらええやんって。

5ヒロなら5ヒロで確実に5ヒロの釣りがしたいんですよね。Bとか2Bの軽い仕掛けで頑張って5ヒロぐらいの釣りはできますけど、確実じゃない。1号であれば確実に入りますからね。オモリまでスパッと入って、ハリスもそこからなじんでいく。

それですぐに結果が出る。釣れる、釣れんも結果ですけど、まずエサが取られるのか取られんのか、アタリが出るのか出ないのか、要はそこに魚がいるのかいないのかがハッキリするじゃないですか。それで、アタリはあるんやけど、はっきり出ないとか、魚はおるけど、どうしても1号じゃダメかってときに2BとかBとかね、00にオモリを打つとかね、軽い仕掛けでチャレンジすればいいんですよ。もうそのときは、5ヒロに魚はいるのに1号じゃ食わないので軽い仕掛けで釣ってみようって目的意識がはっきりしてますからね。

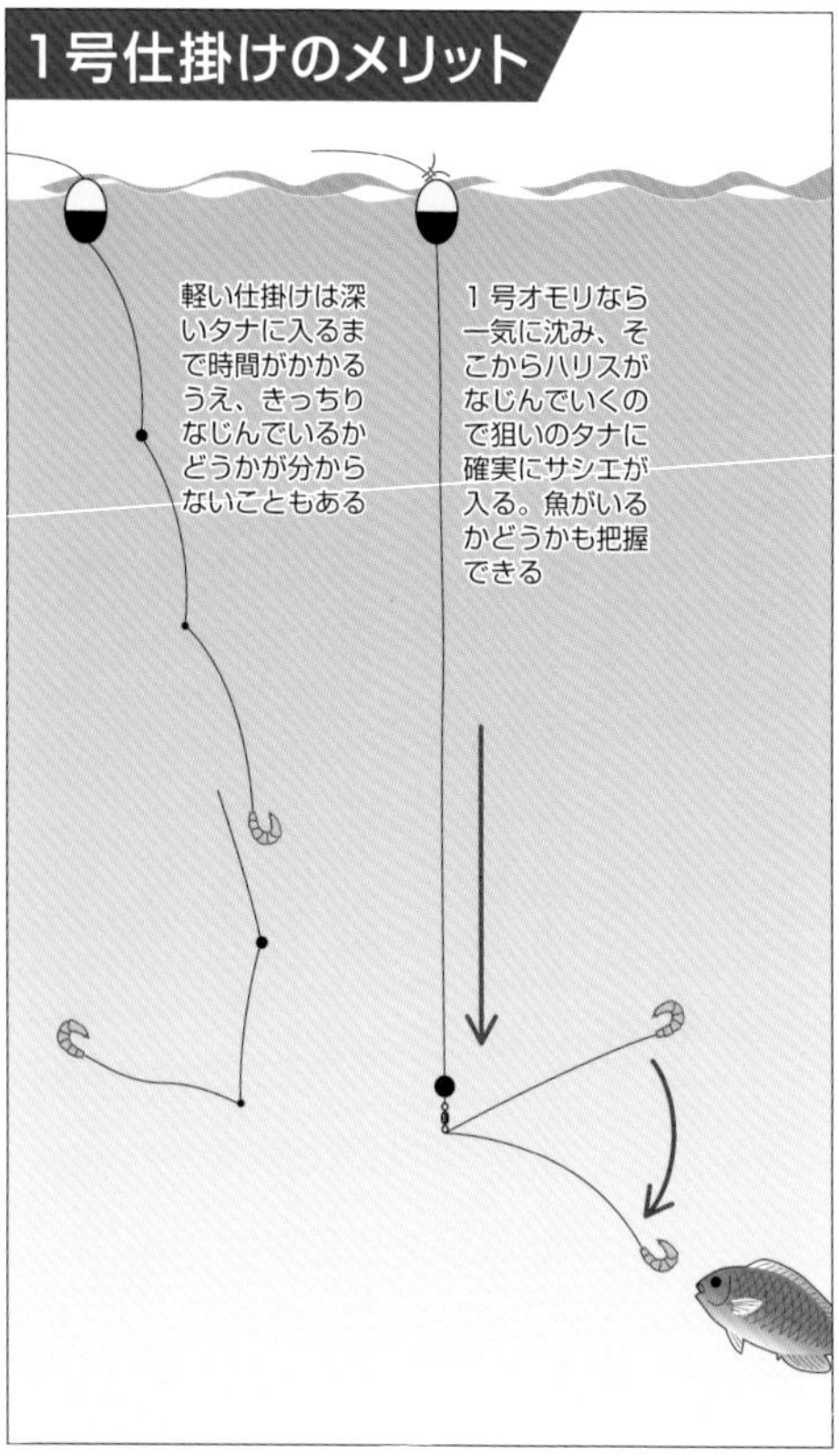
1号仕掛けのメリット
軽い仕掛けは深いタナに入るまで時間がかかるうえ、きっちりなじんでいるかどうかが分からないこともある
1号オモリなら一気に沈み、そこからハリスがなじんでいくので狙いのタナに確実にサシエが入る。魚がいるかどうかも把握できる

ハリスはできるだけ長くオモリから下をふかせる

――1号ウキの仕掛けでは、ハリスはどれくらいの長さにしますか。

◎

ハリスはね、できるだけ長く取ります。どちみち竿1本までしか取れませんが、ウキから下は、やり取りができる範囲でめいっぱい取ります。少しでもオモリから下をふかせてナチュラル感を出したいのでね。船のマダイじゃないですけど、フワフワさせたい。1号のウキに1号のオモリなら、僕はサルカンを必ず使うので、微調整のオモリはサルカンのすぐ上に打ちます。それと深いタナを釣るときは違う魚が当たってくる可能性も高くなるので、ハリスを一回り太くしていることが多いですね。

Peace's Advice

1号のウキが使いたいのではなく1号のオモリが必要なんです

Q 1号ウキで粘る時間と見切るタイミングは？

A 1～2分で回収しサシエが残れば次は長く潮が変わらなければ1号ウキで押し通す

■1号ウキをよく使って深ダナを探りますが、1投あたりどれくらいの時間粘りますか。どれくらいの時間試したら見切りますか。

◎

1号ウキの釣りって仕掛けがなじむのにも時間がかかるし、そもそも魚の活性が高いわけじゃないので、なじんだからといってすぐに食ってくるわけじゃない。一投一投が長くなりますからね。

1号の仕掛けに替えて釣り始めた直後は、少し早めに回収してみる。そのときの状況にもよるので、一概にはいえないのですが、初めのうちは仕掛けがなじんだあと1分から2分で回収してサシエをチェックする。それでサシエが取られているようなら次はもう少し早く回収すればいいし、逆に残ってくるようなら、今度は少し長めに待つ。1分で残るなら次は1分半とか。それでも残るなら2分とか。それでもまだ残ってくるならタナを深くするかな。

打ち返しのテンポは遅くなるだけに、サシエが残っているかどうかを常に把握しておくことが大切

正解が見えなくなるから同時にあれこれ変えない

大きく仕掛けを替えたあとにやっちゃいけないのは、あれもこれも同時に変えること。打ち返す時間を変える、打ち込む位置を変える、マキエを打つタイミングを変えるとか、複数のことを同時に変えてしまうと、何がよくて何がいけなかったのかが分からない。打ち返しの時間を変えるなら、打ち込む位置とかマキエを打つタイミングは同じまま。それで反応するまでに時間がこれくらいかかるのだなってことが分かってくるんですね。

――見切るタイミングは？

1号のウキにくるまでに、0やBとか、3Bとかね、いろいろな仕掛けを使ってね、いろいろな狙い方を試してきているはずなんですよ。それでも食わないから最終的に1号にきた。そういうシチュエーションだと思うんですね。だったら、もう1号のウキにすべてをかける。軽い仕掛けで上から落としても食わないから1号なんでしょうから、潮が変わったとかがなければ、1号に見切りを付けて軽い仕掛けに戻すようなことはないと思いますね。

困ったときの1号ウキ。引き出しの一つに加えおくと強い味方になる

潮が変わらなければ1号ウキでとことん粘る。それが結果につながるのだ

Peace's Advice

仕掛けのなじみにも食ってくるのにも時間はかかる

Q ウキ止めの有無で沈め釣りはどう変わる？

A 仕掛けの状態がイメージできるウキ止めあり ふわふわ感が食い渋りに効くウキ止めなし

■ウキ止めありの沈め釣りと、ウキ止めなしの沈め釣りのメリット、デメリットを教えてください。

◎

僕がやることが多いのはウキ止めありの沈め釣りです。ウキ止めがあることで仕掛けの重量がウキに乗って、ウキの浮力よりも仕掛けの重量が大きいから入っていくと。たとえばウキ下2ヒロ半にウキ止めがあって、なじんで沈んでいったのであれば、よっぽど張ったりしない限りは、水の中においてもウキからサシエまでは2ヒロ半で変わらないし、仕掛けの角度も変わりにくいんですよ。2ヒロ半でなじんだ状態のまま、3ヒロ、4ヒロと入っていくので仕掛け全体を管理しやすい。

――水中の仕掛けがイメージしやすいですね。

そうなんです。一方のウキ止めなしで入れていくのは、仕掛けの重量を乗せていくのが難しい。00のウキにオモリを打ってマイナス浮力にしてラインの抵抗だけで沈めていく場合と、オモリなしでトリプルゼロとかマイナス浮力のウキのようにウキの重さで沈めていく場合ではまた違うんですけど。オモリがあってラインの抵抗で沈んでいってる場合は、ウキの中はツーツーで仕掛けの重さはマイナスやけど、ウキ止めといった仕掛け全体を支える支点がないので、入っていく中で仕掛けの角度は変わるし、流れによっては浮いてくることもあるだろうし、ウキ下も抜けていって変わるはずなんで、入れていくスピードのコントロールやレンジのキープも難しい。

ウキだけでマイナスにして沈めていく場合は、ウキ止めなしにオモリを打った仕掛けよりは安定すると思いますが、仕掛けの角度をコントロールしながらハリスを張って角度を考えて釣るというのはすごく難しい。

ウキの抵抗が抜ける吸い込みやすさが効く

要するに、ウキ止めありは確かな釣りがしやすいのがメリット。ウキ止めなしは確かな釣りができないのがデメリットですね。

でもウキ止めなしは、ウキ止めありの仕掛けにはないフワフワ感があるので、本当に食いが渋い魚とか、真逆の活性がめちゃくちゃ高い魚とかは止めなしの方が吸い込みやすいときがあるんですよ。

――ウキ止めありで反応はあるのに掛からないようなときに、ウキ止めなしにチェンジするといった使い方でしょうか。

そうです。僕の場合はウキ止めをぶわーっと上に上げてフリーにしているだけですけどね。

ウキ止めの有無による違い

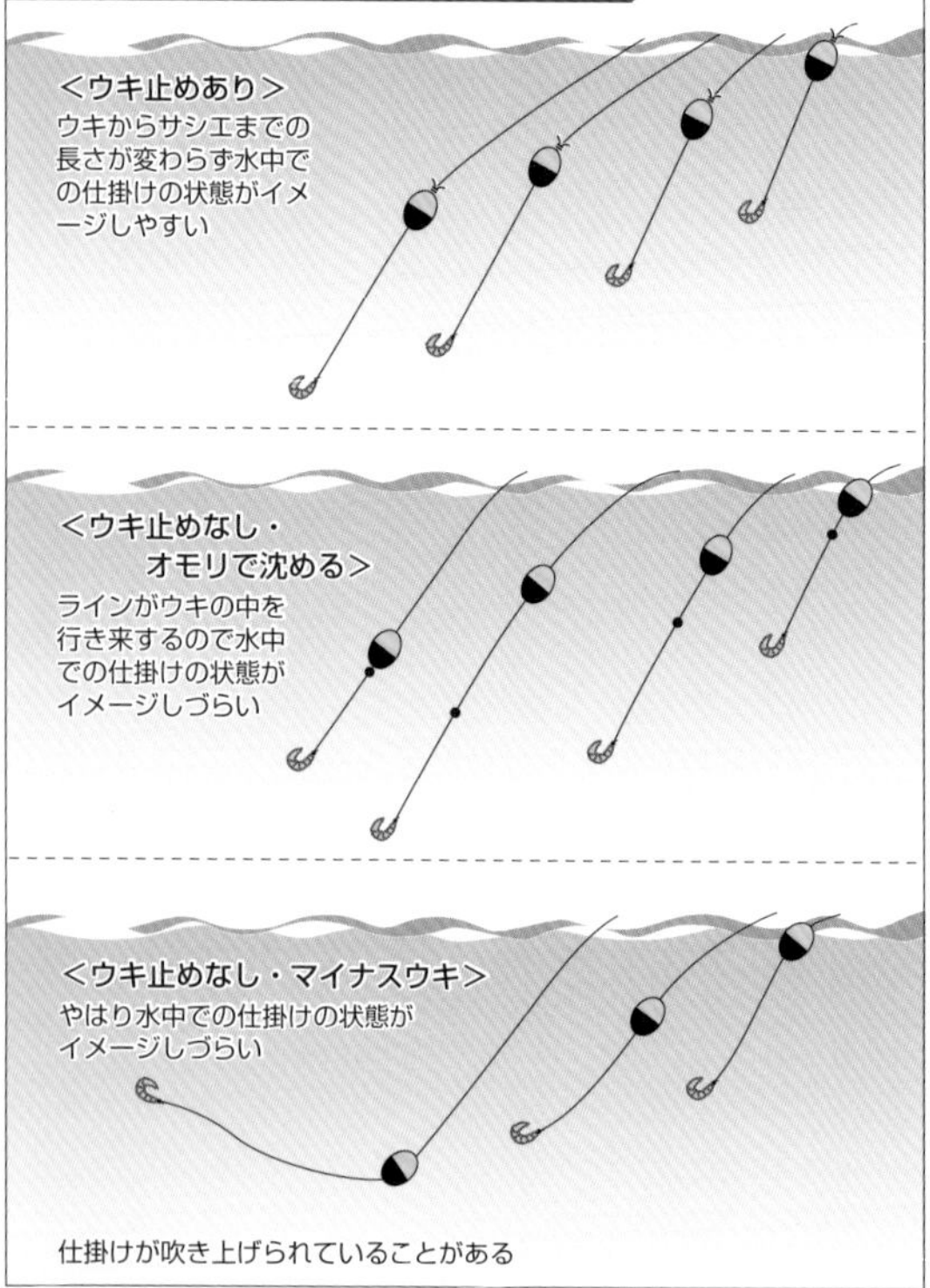

＜ウキ止めあり＞
ウキからサシエまでの長さが変わらず水中での仕掛けの状態がイメージしやすい
＜ウキ止めなし・オモリで沈める＞
ラインがウキの中を行き来するので水中での仕掛けの状態がイメージしづらい
＜ウキ止めなし・マイナスウキ＞
やはり水中での仕掛けの状態がイメージしづらい
仕掛けが吹き上げられていることがある

Peace's Advice

ウキ止めありで掛からなければ ウキ止めを上げてフリーにするのもあり

Q アタリウキの使い方を教えてください

A アタリが取れないときや急にタナが浅くなったときウキゴムに刺すだけの後付けですぐに対応できますよ

■小型棒ウキ（アタリウキ）の使用法について教えてください。

◎単体ウキ、特に円すいウキはそのフォルムから、ツッと沈んだりクククッと頭を押さえられたりという動きが波の中では非常に分かりにくいんですよね。でも、そのときに合わせないと掛からない魚たちってのがけっこういるんです。

グレはときに、勝手にのみ込んで勝手に走ってくれることもある魚ですけど、何かのきっかけで居食いしたり、くわえてるけど動かないことってあるんですね。そのときにアワセを入れれば掛かる可能性がある。でも触ったのが分からなければ掛けるってことができないわけですよね。そうした視覚的に合わせるタイミングを伝えやすくしようっていうのがアタリウキの棒ウキ（デュエルＴＧピースマスターあたり）なんですね。

円すいウキ仕掛けに後付けすることで浅ダナに即対応でき小アタリも取れる攻撃的なアタリウキ

棒ウキだからこそ小さなアタリも明確に出る

平和さんが愛用するデュエルＴＧピースマスターあたりは０、Ｇ８、Ｇ５の３アイテムであらゆる状況に対応できる

半自立だからこそ小さなアタリも分かる

―あれは普通の円すいウキの仕掛けに取り付けるんですね。

そうです。後付けできるようにしてるんで、普通の円すいウキで釣りをしてて、急にグレが浮いてタナが浅くなったりだとか、円すいウキではアタリが出ない、当たっていると思うけどエサが取られるとか、そういうときにゴム管のＭをハリから通して、それにアタリウキの脚をさせば終わりですから。ウキ下２ヒロとか２ヒロ半で釣っていて、いきなり１ヒロの固定とかね。

円すいウキのゆらぎが、棒ウキだったら頭の動きで分かる。右、左、右、左って動いてたのが右、右になったら合わせればいい。

―スポッて入らなくても合わせればいいんですね。

分かりやすいですね。引き込み抵抗が限りなく小さいんで、そのためにウキ自体が半自立になってる。だから仕掛けに何かあればグッて立つんですね。これが命なんです。安定はすごく悪いんですが、ふらつくからこそ小さなアタリも分かる超攻撃ウキです。もちろん視覚的にも面白いので僕は多用しますけど、ラインにオモリを打って、そのオモリが棒ウキに効くってやり方じゃ感度が落ちるのでね。

―アタリウキからハリまでは何もない状態ですか。

基本的にはですね。ただ、上滑りがひどいとか、サラシがあるとかになってきたらオモリを打ちたくなるので、そのために３浮力のラインナップにしてある。０とＧ８とＧ５。Ｇ５だったらそこそこオモリも使えるし、太ハリスにしたときの０にもなるし。沈めていく釣りではないのでね、完全に浮かせる。それでね、アタリウキがいらないときはゴム管から抜けばいい。僕は通常パワーノットサルカンを使っているので、ゴム管を下からさしておくんですよ。これならいつでも外してアタリウキを取り付けられますからね。

Peace's Advice

円すいウキでは取れないアタリも明確に出て掛けアワセが利く

Q 仕掛け変更の頻度は？

A しっくりこなければ釣り開始2投目から
オモリの微調整を入れれば変更回数はとんでもない

■グレが釣れてないとき、どれくらいの頻度で仕掛けを変更されますか。

◎ 早いときは2投目から替えます、しっくりこなければね。軽微なガン玉を打つ外すみたいなのをいいだしたらきりがない。糸を切ってウキを替えるのでいうと、多かったら一日に20回以上替えてるんじゃないですかね。

——微調整レベルでいうともっともっと。

いや、そりゃあとんでもないです。僕はガン玉を使うタイプだから、それを入れたらそんな全然きかないと思います。僕と磯に上がっている人はよく知ってるんですけど、ちょっとG4外してG5に替えるわとか、ちょっとこのオモリ30センチ下げるわとか、すごい数やと思います。

ウキの交換だけでも多ければ1日20回以上。オモリでの微調整は数え切れない

オモリの微調整でサシエをマキエの流れる角度に合わす

——一番触るのはオモリですか。

まずオモリ。次がウキ下。サルカン使うことが多いので、ウキ下のほとんどがハリスやから、浅くするときにはハリスを切っていくしかないんですよ。それを回数に入れたらとんでもない。

釣れないときは合ってないと思ってアジャスト。それが一番大事やし。極小のオモリでのアジャストとかは、ほかの釣りにはあまりないことですよね。例えばね、Gの6とか7とか8まで持ってますけど、Gの5打ってね、何グラムやねんと。ちっちゃいオキアミと大きいオキアミで重さ変わるやんと。エギだったら2号から3号に替えますとか、より重たいのに替えますとか、何グラムどころの話じゃない。それでもフカセ釣りではガン玉1個が重要で、差が出るし。

僕は別にラブガン玉なわけじゃないんでね、必要だから打つだけで。フカセ釣りは決められたウキ下での、角度合わせゲームだと思ってるんで。マキエが流れてくる角度、スピード、それとぴったり合えば基本食わせられない魚はおらんと思ってるからですよ。マキエを食わないやつはダメですよ。

サシエにはハリがついて糸がついてウキがついて。ほかのマキエと同じものにならないわけですよ。それを同じようにするためにオモリが一番手っ取り早いんですよ。好きなところに打てるし大きさも替えられるし。これがすごく早い。面倒くさがりの僕でも釣りたいから、そこの微調整だけはずっと続ける。触ってるのは圧倒的にオモリでしょうね。

Peace's Advice

まずはオモリで次にウキ下
マキエの角度と速さに合わせる

Q サルカンを使い続けても問題ありませんか

A サルカンはウキ交換が早くハリスの長さも変わらない モンスターを狙うときは衝撃に強い直結だね

■道糸とハリスの直結が苦手でサルカンを使っているのですが、これからもそのやり方でいいでしょうか。

◎いいぞ！　僕もほとんどの場合サルカンを使ってますからね。サルカンを使うメリットは、まずウキ交換が早い。直結の場合、たとえばゴム管で止めているんでしょうけど、（ハリスと道糸の）結び目からいったん下ろして、結び目の上下を切って、ウキを抜いてウキを入れてラインを結んでゴム管を上げるって作業が必要ですね。その手間がわずらわしい。それと替えれば替えるほどハリスが短くなっていくんですよね。結びしろがいりますから。

ウキ下をけっこうシビアに釣っている中で、替えるたびに5センチとか10センチとか短くなるので、そこは変えたくないなというのもある。ハリスの長さイコールウキ下というのが僕の中にはあるのでね、竿1本までのウキ下ならね。

サルカンを使えば切るのは道糸だけなので、ウキ交換時のタイムロスが少なくハリスの長さも変わらない

サルカンで一番ネックになってくるのは比重の問題で、金属サルカンの場合、まずウキの浮力に関わってくるし、水の中では仕掛けが屈折する。パワーノットサルカンは樹脂でできていてナイロンの比重とフロロカーボンの比重の間くらいなので、ジャマをしない。つなぐにはちょうどいい。沈み方もそんなに違和感がない。それとウキ交換が早い。道糸側を切るだけですから。あとは金属サルカンよりも結び強度は出るので、要は硬いものではなく樹脂ですから。それと結ぶ部分が金属の環より太いんですよね。糸は潰れに弱いですからね、結ぶ部分が太いと潰れにくく強度も出やすいと。だから僕はパワーノットサルカンで普段はやってます。

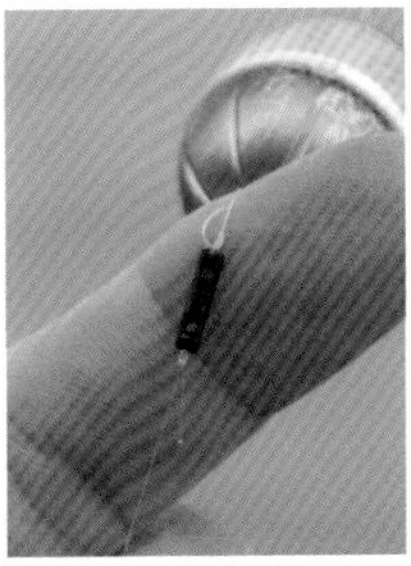

ピースが常用するのは比重がフロロとナイロンの間くらいのTGパワーノットサルカン

竿1本半以上の深ダナは金属サルカンでヨレ軽減

ただ、竿1本半以上の釣りでオモリを使う場合は金属サルカンを使うんですよ。これくらいの浮力のウキを使うときは、ウキの余浮力が大きいので金属サルカンの重さがあっても大丈夫なのと、深い釣りになってくると、ヨレが気になってくる。金属はローリングサルカンなので回転しますから、多少はヨレを軽減できるというのがありますね。パワーノットサルカンは回転しませんから。

あとはヒラマサだとかシマアジだとか、60センチクラスの尾長の釣りとかのときは直結にするんですよ。これは、掛けた瞬間がごっつい引きなので、そうなると直結の方が安心感が高いんですよね。どうしても魚に近いところに違うもので結んでいると、そこからバチンと破断することがたまにあったのでね。竿が曲がる前に、そこに思いきり力が掛かるからですね。

だから、モンスターと闘うときは直結にします。これは優先順位が変わるということ。明らかに夢サイズを狙ってきているときは、ウキ交換が楽だとか、屈折が大丈夫とか、比重がどうとかいうのが優先順位じゃなくなってくる。絶対にバラせない、相手が強いわけですから。

Peace's Advice

樹脂製のサルカンなので 仕掛けの屈折や浮力に影響なし

Q ハリとハリスを下げる条件と下げ方は？

A グレがいるのが明白で手を尽くした最後にハリスを刻む ハリスを落とすのは食い渋るグレに小さいエサを食わすため

適切な仕掛けチェンジが釣果を呼ぶ

■仕掛けのサイズ（ハリ、ハリス）を下げる際の条件と下げ方を教えてください。

◎

僕の場合はウキ下をこまめに調整したり、攻め方を根本的に変えたり、キャスト位置変えたりいろいろして、ハリスを落とすっていうのは最後の最後なんですよ。朝から釣れないからハリスを落とすなんてまず100パーセントやらない。魚を探れてないのに、およその見当もついてない状態で、ハリスを下げるという行為には走らないです。そもそも下げることが効くかどうかも分からない状態なんで。

僕がハリスを下げる唯一の条件は、魚が、グレが明らかにいると自分が思ってる、もっというとグレが見えてるのに食わない状態ですね。そのときにウキ下を細かく変え、なんやかんやしても掛けられないときに最後はハリスを落とすしかない。そのときだけなんですね。

―ハリスを落とせば当然バラす率が高くなりますもんね。

そうなんです。間違いないんですよね。ごくまれに、1・5号で50センチオーバーが釣れたとかありますよ。ありますけど、それを頼りにはできないと思う。やっぱり常にその日のマックスサイズを狙いたいという頭があるんで、簡単に落としたくない。

ハリスが太いからサシエが取られないとか四国西南部の見えてる尾長だったら別ですけど、基本的にエサはね、取られたりかじられたりするはずなんですね。少々ハリスが太くてもですよ。それもないのにハリスを落とすという行為をしないですね。落とすときはできるだけ刻みます。例えばハリス2号でやっているのなら1・7号にして1・5号にして。最悪の場合、掛けたいのでさらに落としますけど、いきなり2号を1号にしたりはないです。

サシエを小さくしてエサ取りをかわす

―ハリを落とすのはどんなときですか。

相手は生き物なんで、でっかいものは食いづらいけど小さいものは食いやすいとか、エサのサイズはかなり影響が大きいと思ってるんですよ。だから僕の場合は厳しいときとか小さいエサを付けるためにハリを小さくする。要はおにぎりはよう食べんけど米粒は食べられる。そういうイメージです。

マキエの中にはちぎれたオキアミなんていくらでもあるじゃないですか。ましてや潰してる人なんて特にそうでしょ。サシエより小さいエサがマキエにはごまんとあるわけですよ。それだけを選んで食べてる状態だとしたら、選んでなくてもそれしか食べられない環境だとしたら、当然ハリで釣ろうと思ったら小さいエサにシフトするしかない。だからでかいハリから始めて厳しいときは小さいハリにシフトする。

もうひとつは、食い渋りじゃなくてエサ取りだらけのとき。種類によるんですけど、サシエを小さくすることで目立たなくなるんでね。例えばキタマクラとかで困るときはサシエを極力小さくしてフォールもゆっくり目立たないようにする。そういうハリのチェンジもありますね。

Peace's Advice

魚も探れていないのに朝からハリスを落とすなんてことはない

Q グレが食い渋るときのウキのサイズと浮力は？

A 小粒のウキで浮力を殺し引き込み抵抗を小さくする しっかりウキを浮かせるスルスル釣りも有効です

■冬の釣り方について、グレが口を使わない渋いときは、ウキは大きいのがいいのか小さいのがいいのか、浮力は何がいいのか教えてください。

◎

普通に考えたら小粒の方がいいですよね。ただ、ウキの大きさというよりも仕掛け全体の重量が食い渋りのときに邪魔してるなと思うことはありますね。たとえば、超小粒の0のウキでしっかり浮いているものと、デカめのウキで00のシブシブ。重さは小粒の0が6グラムでデカめの00は12グラム以上。00の方が余浮力がなくてシブシブなのでいかにも食い渋りに対応しそうな気がしますが、浮いてる0の方が食い込みがいいことがあるんですね。

——どういった理由が考えられるのでしょうか。

ウキを海中に引っ張っていくときに表面積の大きなものは水の抵抗が大きくなるので、全体重量を下げる方が引っ張りやすい、吸い込みやすいと思うんですよね。

そう考えるとやっぱり、表面積は小さい方がいいから小粒になる。しかも軽い方がいい。だから食い渋り時には小粒のウキで浮力を殺してやるのがいいんですね。ただ、小さく軽くして感度を上げていけば扱いにくくはなります。

敏感に反応するウキが抵抗になることもある

——きっちり操作ができるというのが前提ですね。

そうですね。それと応用編として、わざとウキを浮かせる方法があります。これはスルスルに限ってですけどね。僕はウキ止めを付けてますが、ウキ止めの位置をずーんと上にずらして、要は限定的なスルスルをやる。そのときはウキがシブシブだと糸が入る抵抗でウキも入るんですよ。ぷかーんとウキが浮いていたら糸はシュルシュルーッと抜けるんですよ。

これは食い込みにすごくプラスになるときがある。沈め気味にしてスルスルやのにアタリが取れない、あるいは途中で放されるってときは、浮力を殺すほどウキは敏感に反応しますから、すぐにちょっとした抵抗でウキが入る。その重さが抵抗になってエサを放すこともあるからですね。逆にぷかぷか浮かせておくことで糸だけがスルスルスルッと吸い込まれていく。限定的な〝浮かせスルスル〟っていうのは僕もけっこう使います。

Peace's Advice

大事なのは余浮力よりも表面積 小さくするほど入りやすい

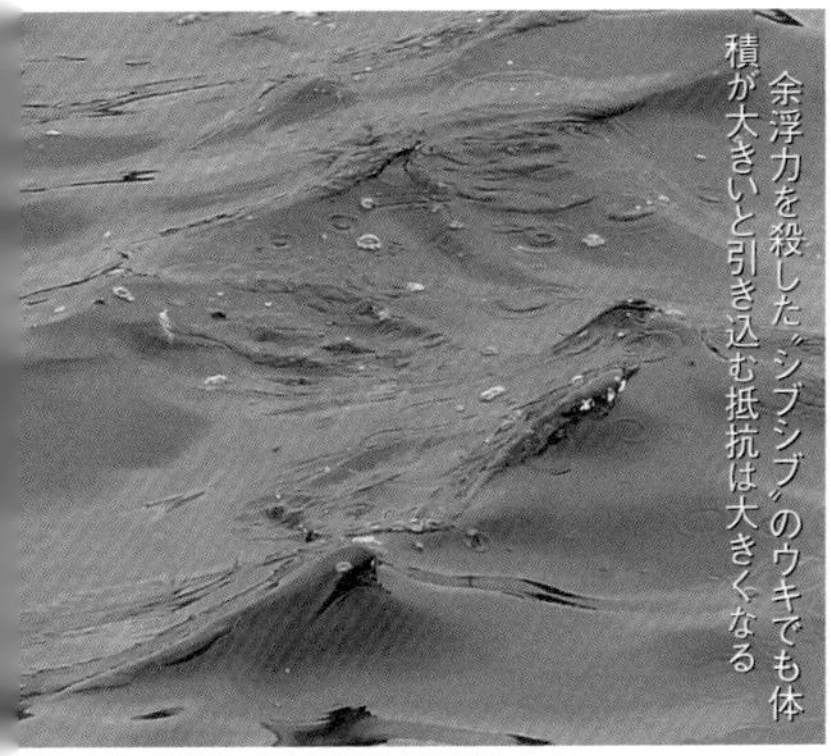

余浮力を殺した〝シブシブ〟のウキでも体積が大きいと引き込む抵抗は大きくなる

仕掛け全体の重量を軽くすることが寒の食い渋りには大切だ

Q 遊動部分をしっかりなじませていくコツは？

A ウキより潮上にサシエを置き手前のラインを多く出す 視認性のいいウキ止めの動きを目で追うといい

■2・5～3号の道糸に3Bのウキの遊動仕掛けで釣ると狙ったタナまで仕掛けが入っていきません。どうすればうまく入っていきますか。

◎

ラインを張りすぎてるんじゃないかってところがありますね。

――仕掛けの投入からなじませるまでの基本的な操作を教えてください。

B、2B、3B、1号でもそうなんですけど、オモリを使ってウキ止めまでいかせるってときは、キャストしたら置きたいところに道糸を置いて、すぐに竿をあおってラインをバババッ、バババッて2回ほど出し、手前のラインはゆるゆるにするんですよ。要はウキの位置があまり変わらないままウキ止めまでが入ってほしい。ピーンとラインを張った状態とか張り気味だとウキ止めまでなかなか入っていきません。だから手前にゆるんでる部分をいっぱい作るんですよ。

ウキ止めの動きが分かりにくいのであれば、ウーリー的なものに替えて視認性を上げてやる。グリーンだったりピンクだったり赤だったり、いろんな色が売っているので自分が見やすい色を選んで、あまり短く切らずに見やすい長さで切ってやる。これだとウキまで入っていくのが見えるはずなんですよ。

僕はウキ止めがウキに達するまで毎回見ていて、ウキに達したあとは余計なラインを出しすぎないよう管理しています。要はいかにウキ止めを視覚化するかです。ウキ止めが見えていたら、そのあともラインを張りすぎてスポッと抜けたときも分かるはずなんですよ。そしたら入っていってないから張りすぎてる。もしくは風や潮に対してオモリが軽すぎるといったことが分かるからですね。

サシエを潮上に置くとなじむのが早くなる

――仕掛けを着水させるときはウキとサシエの位置関係はどうなりますか。

いろんな置き方があるのですが、基本は潮に対してサシエをウキより潮上に入れたい。たとえば右から左へ潮が流れていてウキをセンターに、サシエを潮下の左に入れるとウキからサシエまでの間が潮の抵抗を受けてなじむのに時間がかかるんですよ。浅いタナを釣るときはそっちの方がいいときもある。ただオーソドックスな考えと

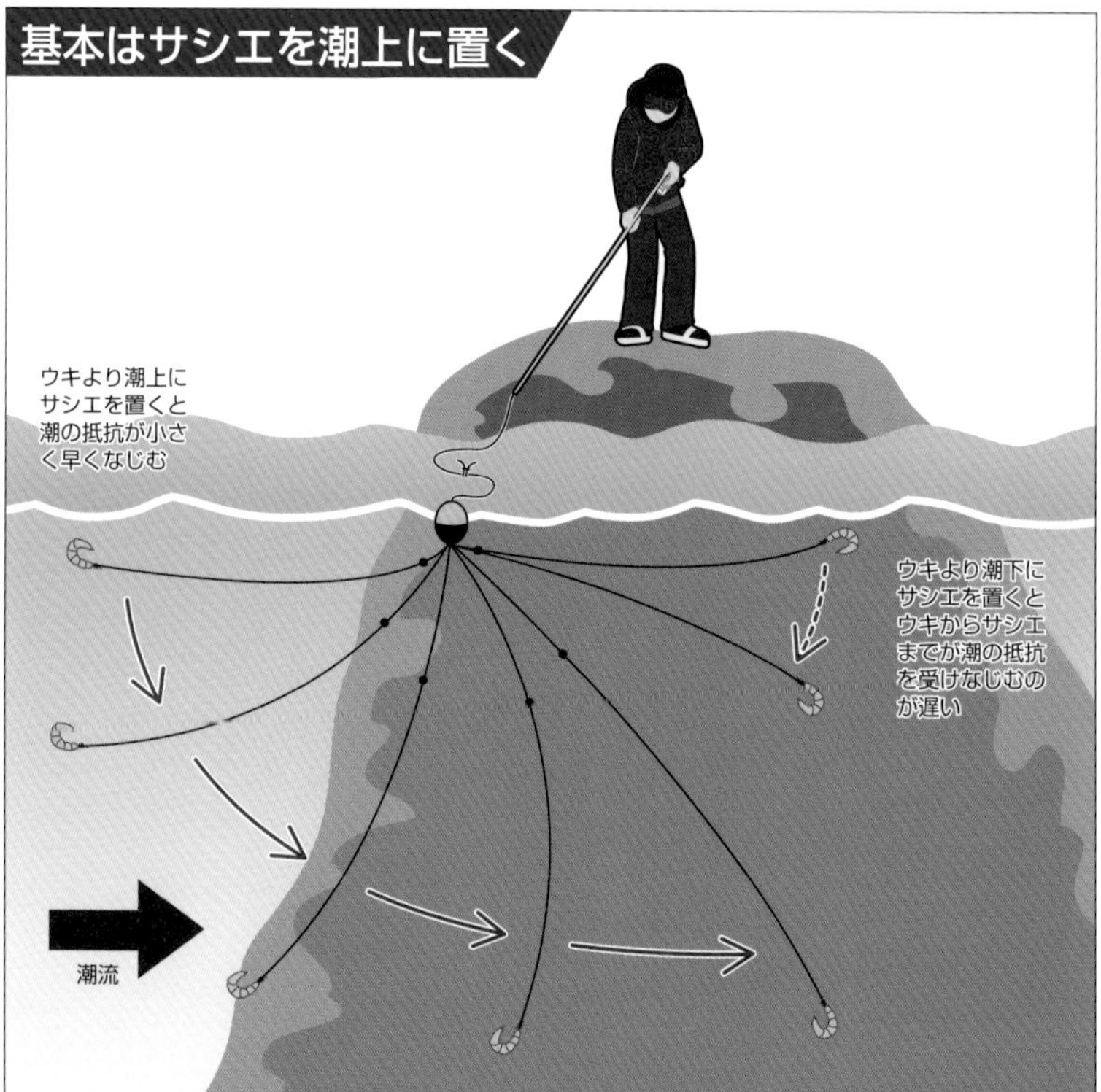
基本はサシエを潮上に置く
ウキより潮上にサシエを置くと潮の抵抗が小さく早くなじむ
ウキより潮下にサシエを置くとウキからサシエまでが潮の抵抗を受けなじむのが遅い
潮流

ウキ止め糸がウキに達するまではラインは張らず、達したあとは余分にフケを出さないように操作する

ウキに対してどこにサシエを着水させるかで仕掛けのなじむ早さは変わる

しては早く仕掛けをなじませたいので、ウキをセンターに置いてサシエは右側の潮上ですね。左側から仕掛けを投げて着水時にラインを止めてやると、サシエに力が働きますからウキの右側に落ちやすいんですね。風でそれができない状況であれば、釣りたいところよりも右側に仕掛けを投げて、着水後はウキが潮下側になるように引っ張ってきてやる。こうすれば仕掛けが立ちやすくなるので入っていきやすく、なじみやすいんですね。

――ウキからサシエまでの間は張って置いた方がいいのでしょうか。

慣れるまでは張ってた方がいいんじゃないですか。落ちていくときのアタリが取れたりしますからね。慣れてきたらキャストの仕方を変えることでウキを真ん中にした場合、サシエを沖側、やや左沖、右沖、真横、真左、真右みたいに扇状に置くことでなじませるときに有利になってきます。特に見え加減で食わせられない魚を食わすときにはフォールがすごく大事なんでね。今ってときになじむよう、なじませるスピードがコントロールできることが大事になってきますからね。

Peace's Advice

ウキの位置はそのままで ウキ止めまでの糸が入ってほしい

Q 右巻き、左巻きのメリットは？

A 強いていえば左巻きはリールのラインを取りやすい 竿を持つ手もリールを巻く手も目的なければ利き腕でいい

■ピースさんはリールを右巻きですが、左巻きの方も多いと思います。右巻きの利点、左巻きの利点を教えてください。

◎

利点といえることが左右であるとしたら、ラインを人差し指に掛けてレバーを握ったりする作業は、左巻きの方がやりやすいことぐらいでしょうね。右巻きも左巻きもスプールへ糸を巻く方向は一緒じゃないですか。だから右手の人さし指の方がスプールからの糸を拾いやすいんです。右巻きで左手の人さし指でつかもうと思っても片手じゃ無理ですしね。右手で絶対にやらないといけないし。

——右手の人さし指で取るときはベールのラインローラーが指の前、すなわち腹側から回ってきますが、左手の人さし指で取ろうとしても反対側、指の背中側から回ってくるということですね。

そうなんですよね。ただ、それよりも僕は利き腕でマキエを打ちたかったから。それでチェンジしたんですけど。長く野球をやってきたんで、右手のコントロール、遠投能力は左手では絶対無理だったんでね。本来なら利き腕の右手で竿を持つ方がフカセ釣りの場合はいい。狙ったところにキャスティングする、ラインメンディングをする、それから激しいアワセを入れる、魚の引きに耐えるというのは全部竿がやることで、リールは糸を巻いて距離を詰めるもんですから。

リールを右巻きの場合、左手の人さし指でリールからのラインを取るには必ず両手が必要になる

右手でマキエ打つために左手で竿の操作を練習

僕の場合は、竿の操作よりもマキエが命だと思ってた。当時はトーナメントで勝ちたいというのもあって、正確に右でマキエを撒いて、時短するのに竿の方はなんとか左でこなすと。そのために左で竿の素振りから練習をずっとやってきましたからね。

ただ実際にはリールを巻くのはどっちの手でもいいと思いますけどね。大事にしたいのが竿なのかマキエなのかで変えてもいいですし、もちろん右で仕掛けを投げて持ち替えて右で巻くというスタイルもありですけどね。全部利き腕でやる。別にプライベートな釣りで慌てる必要もないならですね。どちらかというとチャンスがきたときの一投の正確性とかやり取りの力強さとか柔軟性の方が必要でしょうからね。

マキエの精度を重視するピースはあえて利き腕の右手で撒けるように右巻きにチェンジした

Peace's Advice

大事なのは竿なのかマキエなのか それで考えてもらってもいい

Q リールのドラグを使いますか？

A 不意に備えて保険的に使うことはあっても基本は自分の判断で出せるレバーブレーキ

■ドラグは使いますか。使うならどれくらいの強さにしていますか。

◎ 不意をつかれて竿をのされたときにラインが出てくれる保険みたいな感じでは使ってますけど、基本的にはレバーブレーキですね。ドラグはあまりあてにしないです。ドラグはのされようが竿を立てようが一定の力がかかったら糸が出るというシステムなんでね。

――一応、調整はされていますか。

雰囲気ですけどね、アバウトです。手で引っ張って。尾長とかを高知でやるときは初日からいろんな魚を掛けながらドラグ調整をしていくっていうのはありますね。あの魚でこんだけ出たらやばいやろっていう感じですね。

片手でやり取りならドラグはいらない

でもね、やっぱり出したいって思ったときに出せるのがレバーの特権です。出したいって瞬間は個人によって違うはずなんで、僕の感覚で今はヤバいって出す、今は出さんて判断はドラグではできませんから。どんなリスキーな瞬間であってもドラグは出てしまう。若干きつめに設定しておいて、あとはレバーでって感じかな。

――逆に慣れていない人は緩めの方が安全ですか。

かもしれないですね。でもやり取りの最中にドラグをいじれるってことは片手が空いてるはずなんで、片手でやり取りできる魚やったらそもそもドラグはいらんやろうと。ヤバいときに助けてくれるのがドラグですからね。

Peace's Advice
出したいときに出せるのがレバーブレーキの特権です

根に突っ込む磯魚との勝負では、ラインが自動で出るドラグはあてにせず自分の判断で出せるレバーブレーキを駆使するのがピーススタイル

フカセ釣り事始め・ COLUMN 1

会社の上司に連れられて一人夜の磯へ チヌとのやり取りにシビれるほど感動

魚釣りは子供のころから父親に連れられて池にいったりしてたのですが、フカセ釣りを始めたのは社会人になってから。会社の野球部に所属していたのですが、職場の直属の上司でもある監督が磯釣りが好きですね、無理矢理、舞鶴《まいづる》の磯の夜釣りに釣れていかれたんですよ。

テーブルぐらいの小さな磯に一人で下ろされて。前の日に渡された紙に、こんな磯やから、こんな仕掛け作って、ここに投げろ、ここにシモリがあるからって書いてあるんだけど、真っ暗でシモリも何も見えない。それでもなんとなくやってるとウキに付けてたケミホタルがなくなってる。

あれっ？　ウキはどこ？

あれっ？　どこいったん。なんのこっちゃ？　なんかおるやん。うおーっから始まって。それが42. 5センチ。忘れもしない初めてのチヌ。そのやり取りがね、夜釣りなんかしたことなかったし、真っ暗な中やし、しびれるほど感動しました。タモですくうのにライトを照らすと近くの磯から「魚が逃げるやろ、ライトを照らすな」って怒られてタモ入れに10分くらいかかりましたね。その日はその後もう1尾釣れて、完璧にハマりました。

当時は、土日は野球の練習があったので平日しか釣りに行けなかった。仕事を終えて野球の練習して家に帰って飯食って、夜中の２時の船で磯に渡って朝の7時までやってから会社にいってラジオ体操。眠らない3日間っていうのがザラにありました。それくらいフカセ釣りにハマりましたね。

POINT part 2

ポイント編

目の前に広がる広大な海のどこをどう見て釣り座を選べばいいのか、ポイントや潮目の見方や磯変わりのタイミングは？潮流眼力に優れるならではの見極め方法を身につけよう。

Q 釣り座の決め方を教えてください

A 潮が前に出るか横に流れて取り込みやすい場所 釣り座はシンプルに釣りやすいところを選びます

■釣り座の決め方、潮の流れを見るときに大事にしていることを教えてください。

◎

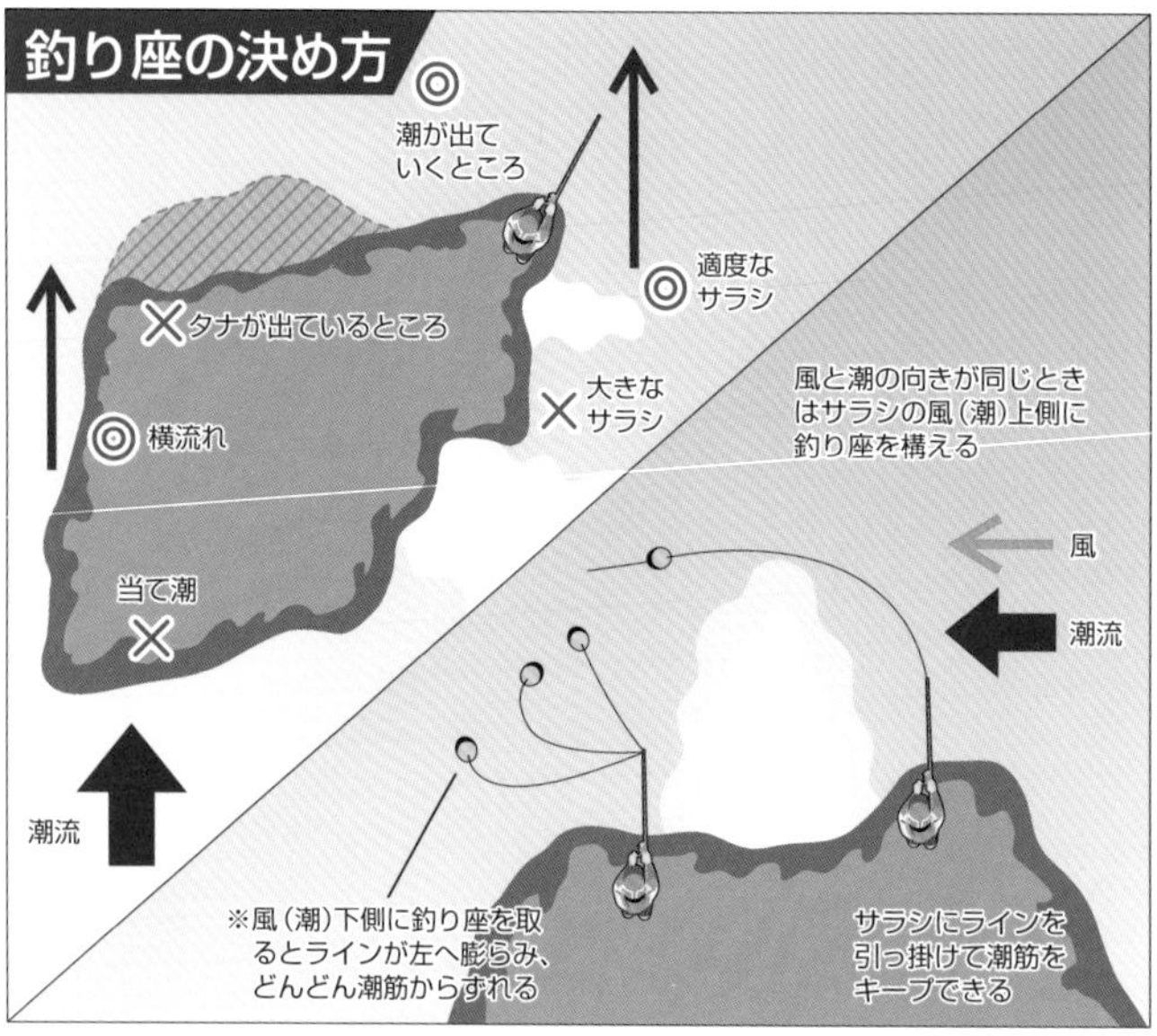

釣り座の決め方
潮が出て
いくところ
適度な
サラシ
タナが出ているところ
大きな
サラシ
横流れ
風と潮の向きが同じとき
はサラシの風（潮）上側に
釣り座を構える
当て潮
風
潮流
潮流
※風（潮）下側に釣り座を取
るとラインが左へ膨らみ、
どんどん潮筋からずれる
サラシにラインを
引っ掛けて潮筋を
キープできる

磯釣りなのでできればタナが出てるとかは避けたいし、浅いシモリが邪魔をするようなところも避けたい。地形はざっくり見ますけど、やっぱり一番は潮ですね。これだけはあらがいようがない。そもそも、その釣り座から釣りをしたら流せない、そこは当て潮だよとかがあるので、釣りがやりやすいというのが大前提です。だから、もし潮がよく分からないのならマキエを先に作って撒いて潮の流れを見る。それでこれなら釣りができるってところを見つける。次に魚がいそうかいそうじゃないかを見ます。

――釣りができるかできないかをもう少し具体的に教えてください。

磯釣りの特性上、絶対外に出る、もしくは右か左に流れてくれるのが釣りやすいですから、わざわざ当て潮のようなややこしいところに入らないようにしたいです。

僕の場合は釣り座に入る前にぱっと見て、潮がどっちかっていうのが分かるのと、あそこは取り込みづらいなとか、あそこで掛けたらああなるなってイメージが浮かぶ。そのイメージをいつも持つようにしないと「船着きでやろう」で終わってしまう。

ぱっと見たときに、もし自分があそこに立つやろ、こう潮がいくやろ、こう流れていくけどあそこに瀬があるな。でもあれは大丈夫やなって感じで、架空の自分をおいてマキエを撒いてみたいなイメージをいつも持つようにしています。それで、ここはいけるってところを第1の釣り座にして、もしこっちに潮がいったらあそこかなっていうところまでは考えてやってます。

わざわざ取り込みにくいところを選ばないこと、潮が突いてくるとかサラシがデカいとか釣りが難しくなるところは避けて釣りやすいところを選ぶ。釣り座選択の考え方はシンプルですね。それで、潮が流れていく先にシモリがあればラッキーと思いますね。

マキエを追うことで潮の流れが分かる

だから磯の一番高いところ、できるだけ見やすいところに偏光グラスだけを持って行ってキョロキョロする。潮が分からなければマキエだけを先に作って撒いて流れていくのをじーっと見ていたら、だいたいの向きが分かります。

マキエは沈み始めたら絶対潮に乗ってるんで、それをどれだけ見られるか、それで潮の流れがイメージできると僕は思うんでね。この釣りを始めた最初のころはずっ

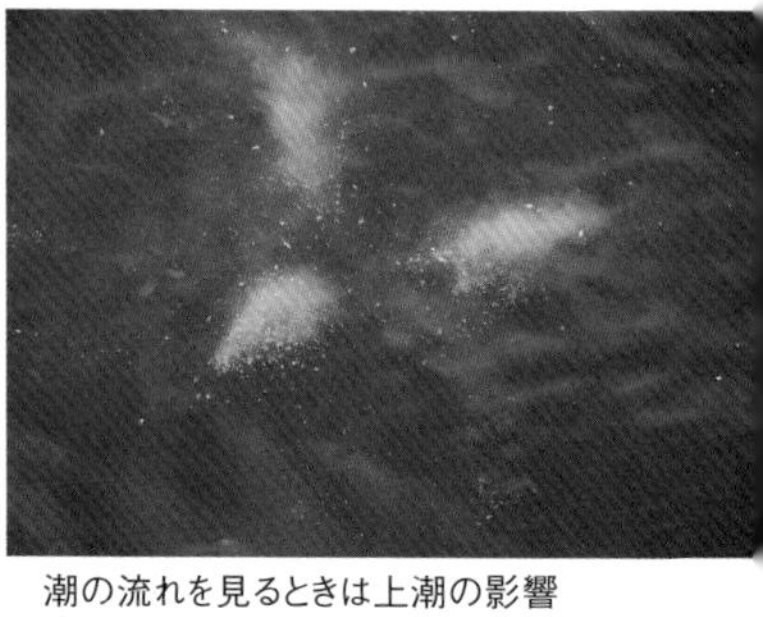
潮の流れを見るときは上潮の影響を受けるマキエの煙幕ではなく、その下に沈んでいくオキアミや配合材の粒を見ること

とそうやってましたから。

ただ、マキエが海面にある間は風の影響を受けるので参考にならない。海面から沈み始めてからどこに向かうのか、これは潮にしか影響されないはずなんでね。それに合わせるために仕掛けを作って釣りをするんです。

一番潮が見やすいのは、オキアミの粒だけで撒くことですよね。配合材はいろいろあって、僕は配合材好きなんでいろいろ使いますけど、配合材の場合、上に残る煙幕と下に落ちていく粒の比重の違いが大きく出るので、落ちていく粒を見られるならいいんですけど、煙幕だけ見てたら海面の動きだけになる。煙幕は右へ行くのに落ちていく粒は左へ行くってこともよくあるんですよ。これは左へ行くのが潮の流れなんですよね。つまり、海面周辺のものだけでは参考にならないんです。それで上の煙幕の影響で下の粒が見えないこともあるのでね。だから潮だけ見たかったらオキアミの生の粒だけを撒いて沈んでいく方向を確認する方が、より視覚としてはとらえやすかもしれません。そういうことをやってると、海を見る目は養われていくと思いますよ。

風と潮が同じ向きならサラシを活用。サラシの風上&潮上側に釣り座を構えると、サラシの先にラインを引っかけて操作できる

風と潮が同じ向きなら サラシを利用できる場所

――慌てて道具を準備せずにまずは観察ですね。

それが本当にいちばんいいんですよ。朝の時合いを大事にしたいし、やっと来られたから釣りしたいって気持ちも分かるけど、これから先に力を身につけようと思うなら、そう思って海を見る人とそうは思わず釣りをする人とでは、絶対に差が出てくるのでね。

――そこに風が吹いていたらどうでしょうか。

ベストは風と潮が逆です。これがいちばんやりやすい。風と潮が一緒だったら避けたい。でも避けようがないのならサラシがあるところへ行きますね。サラシが助けてくれますから。

たとえば潮と風がどちらも右から左だったら、道糸は絶対に左に膨らまされるので、そのときはサラシの右側に陣取ってサラシの先端にラインを引っかけることで左に押されるのを抑える。要はサラシの右側にラインを引っかけると常にラインは前に出るからですね。サラシがなければ左に膨らみますが、サラシが前へ押してくれる分だけ、これすごく使えますからね。潮と風が一緒の場合は、サラシを探してサラシの潮上、風上側に陣取ってください。

Peace's Advice

一番高いところに登って まずはしっかり潮を見よう

Q ポイントや潮目の見方を教えてください

A 地形の変化かマキエの流れを目で追い釣り座を決める 潮目は泡の筋や仕掛けが吸い込まれるところ

■磯に立ってもどこがポイントになるのか、どこが潮目になるのかさっぱり分かりません。グレ釣りでポイントとなるところの見方を教えてください。

◎潮が分からんのだったら当然地形を追うべきで、グレ、チヌなど普通に僕らがフカセで狙う魚は地形ありきなんでね。もちろん、それよりも潮ありきなんですけど、見渡して沈み根があるとか、エグレがあるとか、割れ目があるとか、何もないところよりそうした変化があるところが絶対いいので、そこを中心に狙うんですけど。

あとはマキエを撒いてどっちへ流れていくかをずっと見ていればいいんですよ。オキアミの粒だけを撒いたら、すごく見やすいんですけど、着水したところから左へいくのか右へいくのか、沖へ出るのか手前に帰ってくるのか、潮の向きが分かりやすいはずなんですけどね。

——まったくポイントが分からない場合、磯に上がってまずどこに立ってマキエを撒いてみればいいですか。

磯を見たときに右へ流れても左へ流れても釣りができるってところがあるんだったら、そこに入るのがベストだと思います。たとえば、先端、でっぱり、角みたいなところですね。

片面しかなかったら、釣り座を決める前にですよ、エサを撒いて、上の流れではなく下の流れを見る。遠くへ投げて見えないなら手前に投げればいい。見える距離にマキエを撒いてどう流れていくかを見る。仮に左へ流れるなら、同行者がなくて自分ひとりなら一番右に釣り座を取るべきなんですよ。そうすれば左までの流し幅が取れるじゃないですか。右へ流れるなら一番左に釣り座を取ればいいですよ。そうしたら右へ流せる距離が取れる。マキエの流れや潮の流れを一生懸命見るのが一番大事なことなので、それは頭に入れておいてください。

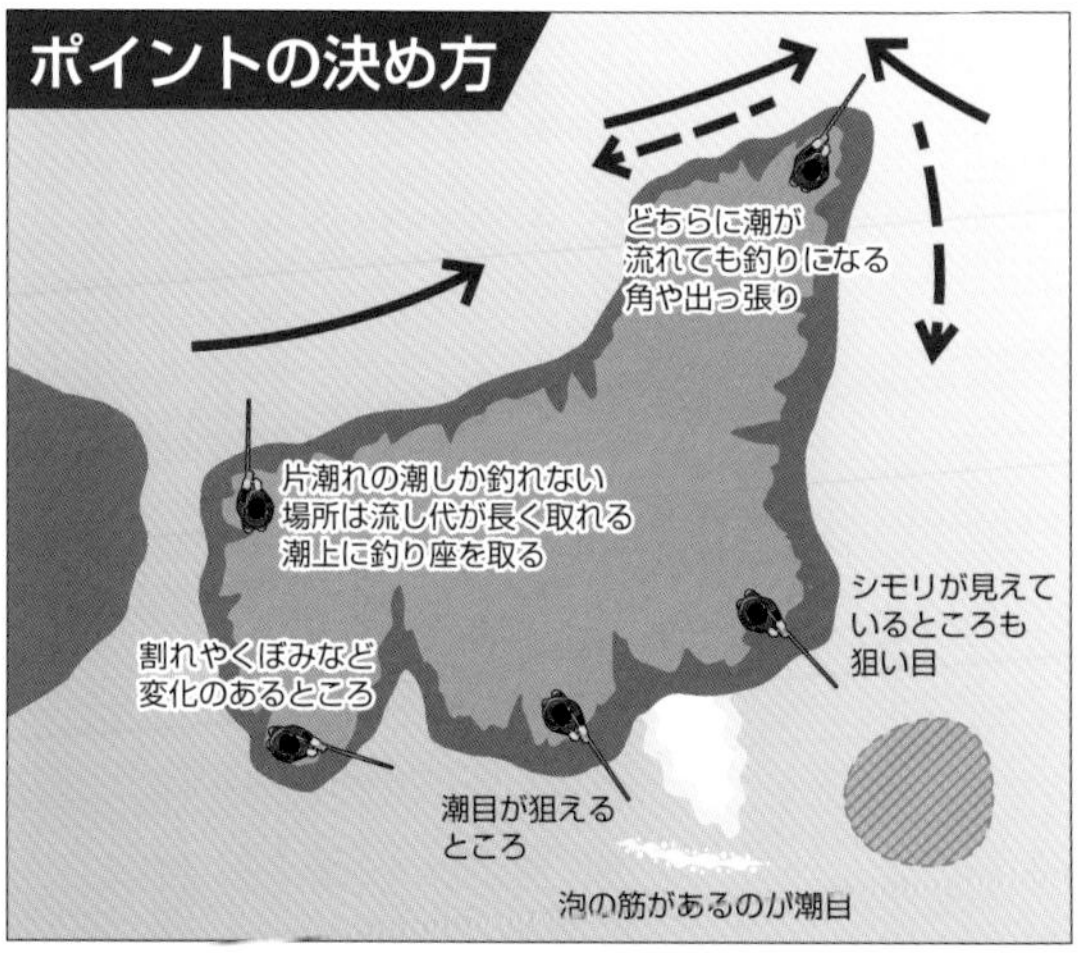

ポイントの決め方
どちらに潮が流れても釣りになる角や出っ張り
片潮れの潮しか釣れない場所は流し代が長く取れる潮上に釣り座を取る
シモリが見えているところも狙い目
割れやくぼみなど変化のあるところ
潮目が狙えるところ
泡の筋があるのが潮目

浮力をギリギリに調整 潮目でウキが沈んでいく

——潮目はどうやって見つけますか。

よくある話としては泡ですね。サラシが出るとか潮がぶつかるとかして泡がたまるんですけど、泡がないときもありますからね。酸素量が豊富だと泡はすぐに消えるのでね。その泡が点々と、より集まっているとか、そんなところは向こうからもこっちからも潮が流れるからですね。もしくはこっちから出ていった潮がどっかで止まるから泡のたまる線ができる。そこは基本的に潮目ですからね。

まずは泡のラインを探す。それもなくて分からないときは、本当に浮くか沈むかギリギリの浮力にウキを設定して流していけば、シューッと入っていくところが潮目なんですね。サシエを付ければちょっと沈む、サシエがなければギリギリ浮いている仕掛けを頑張って作ればですよ、小さな入っていく潮でも反応するのでね。あそこだけ入っていくな、アタリじゃねえなあ、潮目なんだなってなるはずなんでね、その潮目を起点に釣りをすればいいですから。

Peace's Advice

オキアミの粒を追えば 潮の流れは一目瞭然

Q 磯替わりを決断するタイミングを教えてください

A 朝からサバやアジ、木っ葉グレまみれなら替わる 選び出したらキリがない風や潮なら替わらず頑張ろう

■私は基本的に船長に勧められた磯で最後までチャレンジするタイプですが、魚の気配が感じられないとか、風や潮の向きで磯替わりしたいなあと思うことがたまにあります。平和さんが、磯替わりしようと思う状況を教えてください。

強烈なエサ取りで手に負えないときは船長に相談して磯替えしてもらう。どこへ替わるかは船長にお任せしよう

◎僕は基本的に磯替わりをしない派ですね。なぜなら、間違いなく船長は「ここが釣れるよ」とか「実績あるよ」とか「チャレンジしてほしい」とか、訳があって上げてくれてるはずなんですね。船長に聞かれない限り、僕から磯の指定をすることもありませんし。プライベートの釣りもほぼほぼなくて、動画の撮影がほとんどなので、移動して釣果を追うよりも同じ磯でなんとか頑張って釣果を出したいっていうのもあるんですね。

魚の気配がないのは探りきれているかどうか

——一般の釣り人も替わらず粘るべきでしょうか。

替われるなら替わってもいいと思います。ただ、魚の気配がないっていうのは、探しきれてない可能性もあるので、それで替わったらいいじゃないとは一概にいえない。磯を替わったらいい条件としては、明らかにエサ取りだらけ、たとえばサバだらけだとか、木っ葉グレだらけだとか。

サバだらけだったのが急に消えるなんてことはないでしょ。朝からアジまみれとか、木っ葉グレまみれとかの場合、よほど潮の変わりがある場所じゃない限り一日中いるでしょうからね。そんなときは「参りました！」っていって替わればいいと思うんですよ。

——風とか潮で替わることは考えませんか。

風や潮は選びだしたらキリがない。釣りが困難な風とかだったら船長の方から危なければいってくれるし。「どうや、この風、大丈夫か」っていってくれたら「どっか替わるとこあります？　じゃあ替わりますわ」みたいなんでいいと思うんですけど、基本的に磯に風はつきものだし、潮は選べないし。当て潮だろうが向かい風だろうが、そこは頑張ろうぜってとこですよね。

——替わる先はどうですか。

状況を説明すれば船長が一番知ってるはずなんで、お任せでいいと思います。「そうか、サバだらけか。それならあっちや」みたいに、そうじゃないところを選んでくれるはずなんでね。結果として替わった先にサバがいるかもしれないですけど、わざわざサバまみれのところに替えるなんてことはないと思いますよ。

Peace's Advice

基本的には粘りたいけど変わるときは船長にお任せ

初めてグレ釣り・　COLUMN 2

デビュー戦は20歳でいきなり松尾の沖ウスへ 川のような激流に驚き尾長の引きにびっくり

グレ釣りを始めたのは20歳のとき。当時の会社の先輩らが年に一回遠征でグレ釣りに行ってたんです。それで年末だったか正月だったかに連れていってもらったのが高知の足摺《あしずり》。瀬戸大橋を渡って初めて本州を出ました。当時は高速道路が南国《なんごく》までしかなくて高知市内の下道を走って「今のがはりまや橋や」っていわれたんですが、えっ、一瞬で終わってるしね。

それまでやってたチヌ釣りは棒ウキなんですが、グレ用の円すいウキがいるってことで、釣具屋さんで買ったのが薄墨賢二さんの闘魂ウキでね。こんなウキで釣りするんやと、テンション上げて上がったのが松尾の沖ウスやったんですよ。

突然の激震に 頭の中は真っ白

潮がほとんど動かない日本海の磯しか知らなかったので、ゴーッと川のように流れる激流にびっくり。あっという間に仕掛けもマキエも流されていくし、これはなんじゃと。そうこうしているうちにガツーンと強烈なヤツがきて、頭の中が真っ白になって、取り込んだのが尾長グレの42センチ。チヌの引きとの違いにびびりましたね。

それでグレに目覚めて、地元に戻ってからは夜明けまではチヌやって、夜明けから7時まではグレやって。当時の日本海じゃ幻だった45センチのグレを狙ってね。それを釣るのに1年かかりました。もう雄叫び、おっしゃー！　でも当時の船長らは「そんなもん釣ってどないすんねん」って反応でしたね、主役はチヌでしたから。

BAITS part 3

エサ編

グレを寄せて浮かせて食い気を促すマキエは釣果を大きく左右する。
ピースはどのような配合でどのように仕上げるのか、
こだわりのマキエ作りから、撒き方、サシエの刺し方にアンサー。

Q マキエでこだわっていることは？

A 配合材だけを先にまぜ合わせて7割仕上げ オキアミは潰さずさっとまぜるだけ

■平和さんがマキエに関して一番こだわっていることは何ですか。

◎ 人と違うっていわれるのは作り方かな。僕は使う配合材だけを先にまぜて海水を加え6割、7割仕上げて、そこにほぼほぼ半解凍されたオキアミを入れて、最後はザザザザッとまぜてできあがり。あまり練ったりとかは、最初からすることはないのでね。

——オキアミもそんなに潰さない？

潰さないですね。別にとことんこだわってるわけじゃないんですけど、オキアミが解けきってないこともあるので潰さなあかんときもあるんですけどね。でも選べるなら、粒はあんまり潰したくない。それはマキエをあんまり小さくしたくないからですよ。

オキアミの粒を潰して小さく小さくしてしまうと、グレが食うときはいいんですけど、厳しいときとか、食い込みが悪いときとか、簡単な方法としてハリを小さくしてサシエも小さくしていくうえで、どんなにサシエを小さくしても、オキアミを潰してしまうとマキエの中の粒の方が小さくなってしまう。するとサシエを小さくして食わせをよくしているつもりが、そもそも論としてマキエの方がもっと小さいぞと。

——そっちの方を先に食う？

そら絶対食うでしょうね。いくら釣り人が気をつけたつもりでも、気を配ったつもりでも、食べやすいようにしてあげたつもりでも、いやいや最初から小さいのしか食ってないしってことで。ハリが付いているってことは、けっこうな大きさになるんですよ。グレバリの3号とか4号とかになったとしてもそこそこなんですよ。完全に潰している人は、バッカンの中にそんな粒すら見つからない。

僕は困ったときに次の一手がより効くようにしたいんで、季節を問わず、寒だろうが、夏だろうが、ずっと粒は潰したくない。

——ほかにもこだわりはありますか。

配合材に関してはいろいろ使えるんですけど、マルキユーのV9スペシャルが、次々新製品が出てくる中でもずっと定番で使い続けてますね。新しいものが出てくればまぜますけど、ベースはV9スペシャル。これ単体でも十分なんですけど、寒の時期はもっと集魚効果をプラスしたければイワシパワーをまぜたりもするし、ちょっと比重を上げて深いところを釣る方がいいってときにはグレパワー遠投を1袋加える。あれは比重が大きくなるんで、わざと玉にして深いところへ落としていったりといった使い方ができる。そういうこともしますが、僕のスタイルにガチで合うのがV9スペシャルなんですね。

軽くまぜるだけで使えるし、途

ピース流マキエ作り

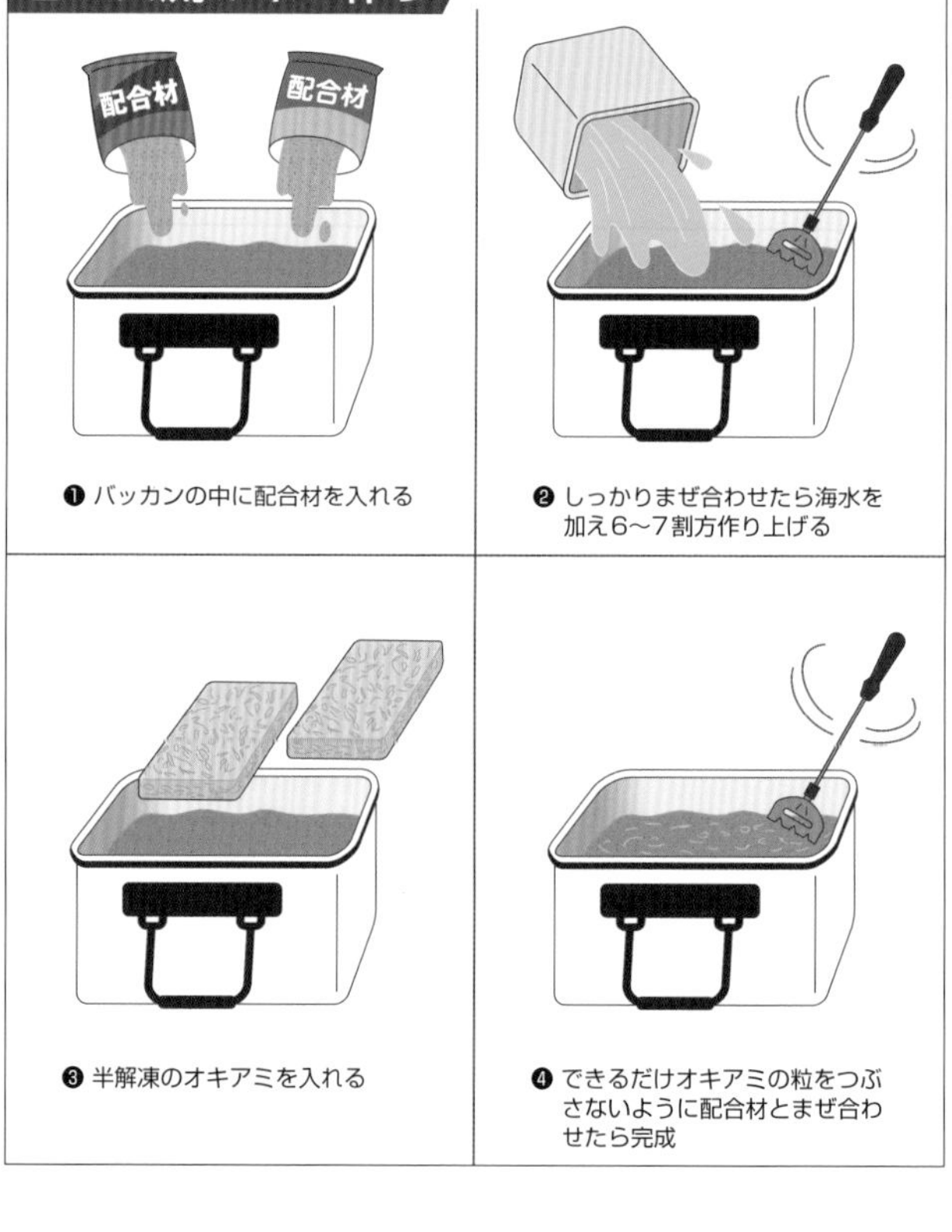

❶ バッカンの中に配合材を入れる

❷ しっかりまぜ合わせたら海水を加え6～7割方作り上げる

❸ 半解凍のオキアミを入れる

❹ できるだけオキアミの粒をつぶさないように配合材とまぜ合わせたら完成

先に配合材をまぜ、水分を吸わせてからオキアミをざっくりとまぜ合わせる。オキアミの粒を潰さず乾燥させないのが狙い。使用感がよくないときは、釣りながら水を加えて微調整するのがピース流だ

中で投げないかん、遠投の必要が出てきたときとか、風が急に吹いてきたときとか、中身はそのままでちょっと練ってやると対応できる。固めて撒いても着水すれば広がってくれるし、そういう意味では、僕の中ではV9スペシャルを超えるベースエサはないと思ってますけどね。

平和さんが絶対的な信頼を寄せている配合材がマルキユーのグレパワーV9スペシャル

オキアミの鮮度を重視 前日にマキエを作らない

——平和さんは、前日から練るようなことはないですよね？

ないですね。前の日から作っておくとなじみはよくなるんですが、時間的にできないので磯の上ですね。それとやっぱり、まぜたオキアミを長時間そのままにしたくないっていうのもあるんですよ。

——どういうことですか。

グレは配合材も食ってますけど、メインはオキアミなんです。もちろん配合材に集める力はあるし、長く滞留させる力はあるんですが、やはりオキアミの力には勝てない。オキアミだけ、配合材だけ、オキアミと配合材をまぜたものを配合材の開発時に比較検証してきましたけど、オキアミが入ってないと、とどまる時間や、より浅いところまで上がってくるといった浮き上がり方が違ってくる。そういうのを目の当たりにしてくると、やっぱり潰したくないし、できればピュアな状態、解凍した状態を維持したい。オキアミはほとんど水分みたいなもんですから、前の日から配合材とまぜると、ほとんど皮しか残っていないとか、干からびてるとか、そもそもオキアミでなくなってる。できるだけ、解凍してささっとまぜて配合材がオキアミの水分を吸わないように、干からびないように、魚がばくばく食いやすいように、そして潮にも乗りやすいように、そういうイメージは持ってますね。

——配合の割合は？

だいたい僕はオキアミと同割合かな。3枚に3袋とか。時にオキアミの方が少なくて2枚に3袋ってこともありますけど、だいたい同袋が目安で、マキエがびちゃびちゃになったときとかのために予備を1袋持っていきます。それはどこに行ってもですね。それで、3枚に3袋とか、2枚に3袋とで釣り始めて、しっくりこなければ配合材をプラスしたりオキアミをプラスして微調整することは多いですよね。

Peace's Advice

オキアミの粒を残すことで小さなサシエがいきてくる

Q マキエの固め打ちとバラケ打ちの使い分けは？

A 投入精度が高く魚を集めやすい固め打ちが基本 同調させづらい潮ならバラケさせて打つ

■マキエの打ち方を教えてください。固めて打つ、バラケさせて打つのはそれぞれどういうときでしょうか。

◎

僕の場合、基本的に塊で撒くことが多いですね。塊で打つとコントロールしやすいのでね。広げて撒くのは、潮がややこしいとき、海がややこしいときですね。固めて撒くと狭い範囲にしか広がらない。サラシがでかいとか潮が複雑なときは、固めて撒いたエサではサシエと合わせるのが非常に困難ですね。魚も見えてる、凪で、潮も緩くて、仕掛けとマキエを合わせるのが困難でないときは固めて撒くんですけど、難しくなればなるほど塊で撒くとズレ幅が大きくなってサシエの一人旅になるからですね。そのときは薄く広く、どこかで合ってくれって感じで撒いてます。

——流れに対してどう広げて撒くのですか。

広げて撒く意味は、多少ズレてもマキエの中にあってくれって感じですから、ズレる方向に対して撒きます。縦にズレそうなら縦に広げて撒いて、真ん中に仕掛けがくるようにイメージして釣ると、前にズレても後ろにズレてもマキエの中にくる。潮が横にいくようなときは横に広げて撒きます。こうすると自分が思っていた以上の二枚潮ややこしい潮であっても、広げて撒いたマキエの中のどこかにひっかかるというイメージですね。

手前の魚が沖に出るか バラケ打ちでチェック

——広げて撒くときの回数はどんな感じですか。

僕は基本的にマキエシャクのカップをSにしているので、Mカップ一杯分を2杯か3杯分になります。だから一撒きで縦に長くしようと思ってもムリなんで、そのときのズレ幅が大きそうだったら3杯、4杯撒くことで縦長にできるじゃないですか。つなげていくという感じですね。

あとは手前にいい魚がいて、どこまで沖に出てくれるかを見るのに、マキエを縦長にバラケさせて撒くこともあります。できれば磯際から離れたところで掛けたいですからね。磯際で掛けるほどやり取りのリスクがでかいですから。そして狙い打ちをするときは固めて撒きます。固めた方が狭いエリアに魚が密集する。エサのあるところにしか集まりませんから。そのイメージですね。

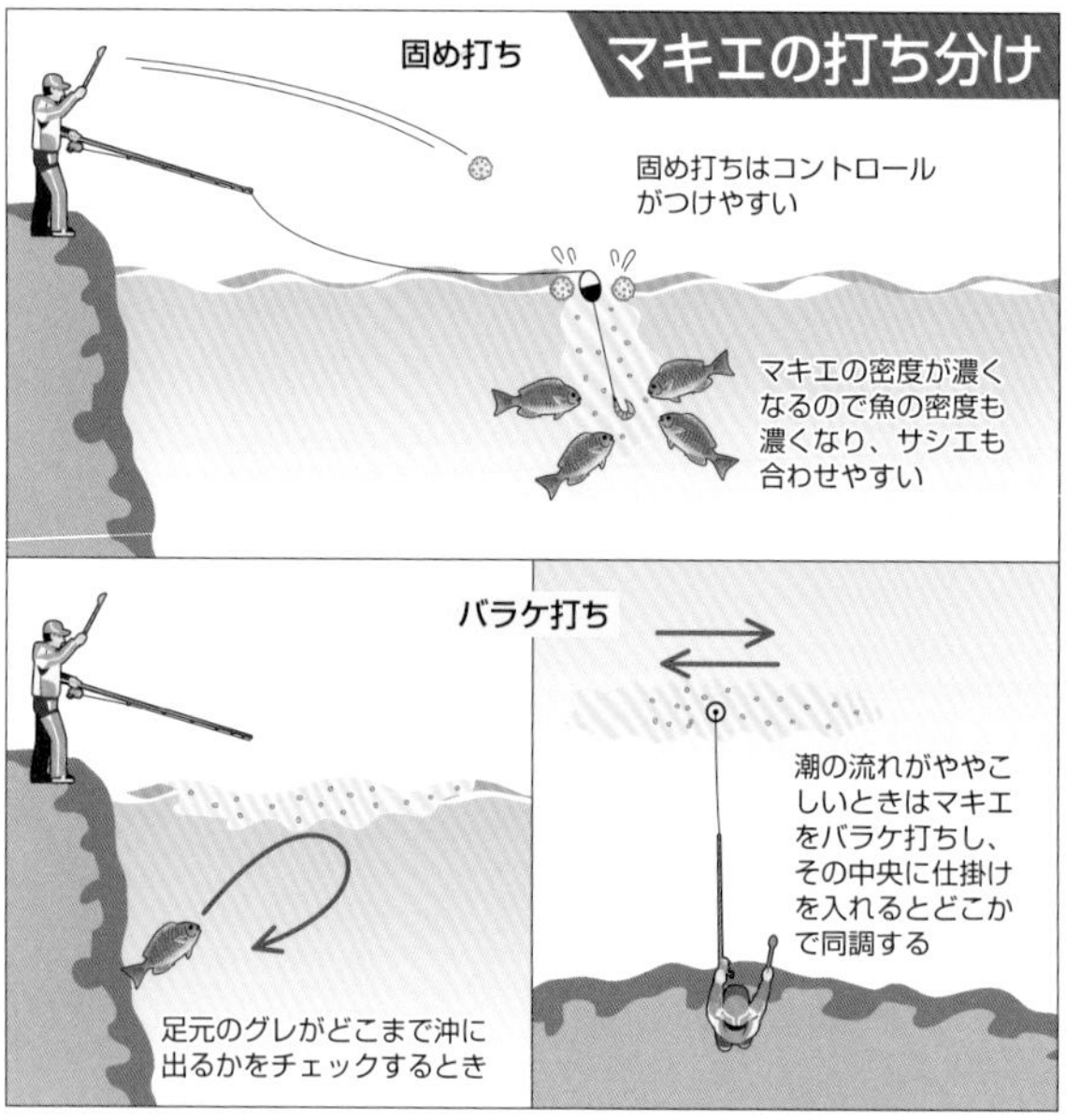

マキエの打ち分け
固め打ち
固め打ちはコントロールがつけやすい
マキエの密度が濃くなるので魚の密度も濃くなり、サシエも合わせやすい
バラケ打ち
潮の流れがややこしいときはマキエをバラケ打ちし、その中央に仕掛けを入れるとどこかで同調する
足元のグレがどこまで沖に出るかをチェックするとき

コントロールよく狙ったところに打てる固め打ちが基本

Peace's Advice

潮の流れがややこしいほど マキエは薄く広く打とう

Q 遠投してもズレないオキアミの刺し方を教えてください

A 頭を取ったところからハリを入れ尾バネで止める チモトとハリ先の2カ所をロックさせればズレない

■仕掛けを遠投するとサシエのオキアミがハリからズレたり外れたりします。そうならない刺し方を教えてください。

◎

遠投するときは基本的に2パターンの刺し方をしています。ひとつはオキアミの頭を取って、そこの背中側、すなわち皮と身の間にハリを入れていって、最後にチモトの部分を皮と身の間に押し込むとロックがかかるんです。ハリ先を尾バネで止めるので、さらに尾バネを取ってしまうよりはロックがかかりやすいんです。ハリの大きさいっぱいにオキアミを刺せれば入り口と出口でロックがかかるので、まずズレない。

だからハリが大きくてオキアミが小さければ、頭は取らずに頭を潰して頭側からハリを入れて頭の中にチモトを押し込む。ハリ先は尾バネでロックをかけるんですね。

――それでいくと一番悪いのは小さなハリに大きなオキアミというパターンですね。

それは具合が悪いですね。ハリに合った大きさのオキアミを選ぶことが前提です。

――もうひとつのパターンを教えてください。

いま紹介したのはオキアミの脚を内側にするパターンですが、それの逆向き、すなわちエビ反りパターンです。ハリの外側に脚がくるようにして同じようにチモトとハリ先にロックをかける。

――これも頭側からですね。

サシエがズレない刺し方をマスターすることで、何の気兼ねもなくフルキャストができるのだ

そうです。背中の殻の関節を反らせるので元に戻ろうとする力が働きますので、ハリ先とチモトだけでなく全体的にしっかり止まるというのがあります。

ハリ先に重い頭がくると遠心力で取れたりズレる

――どのように使い分けますか。

先に紹介した方が刺しやすい。エビ反りは刺すのに少し時間がかかる。手間なので、横風が強いときなどに使います。エビ反りにすると若干食いが悪いような気もするのでね。いずれにせよ頭側から刺すのが大切です。ハリ先側が重たくなると遠心力でズレやすくなる。チモト側が重たい分にはロックさえかかればそう簡単にはズレないんですよ。尾バネを切ってそこから普通に刺したら重たい頭がハリ先にきておまけにチモトのロックもかからないのですぽーんと抜けたりズレたりしやすい。ボイルでも本気で投げたら飛びやすいですからね、その刺し方では。

――ボイルでも頭側から刺すのですね。

投げるときはですね。最初にいった刺し方をします。

遠投時にズレないオキアミの刺し方

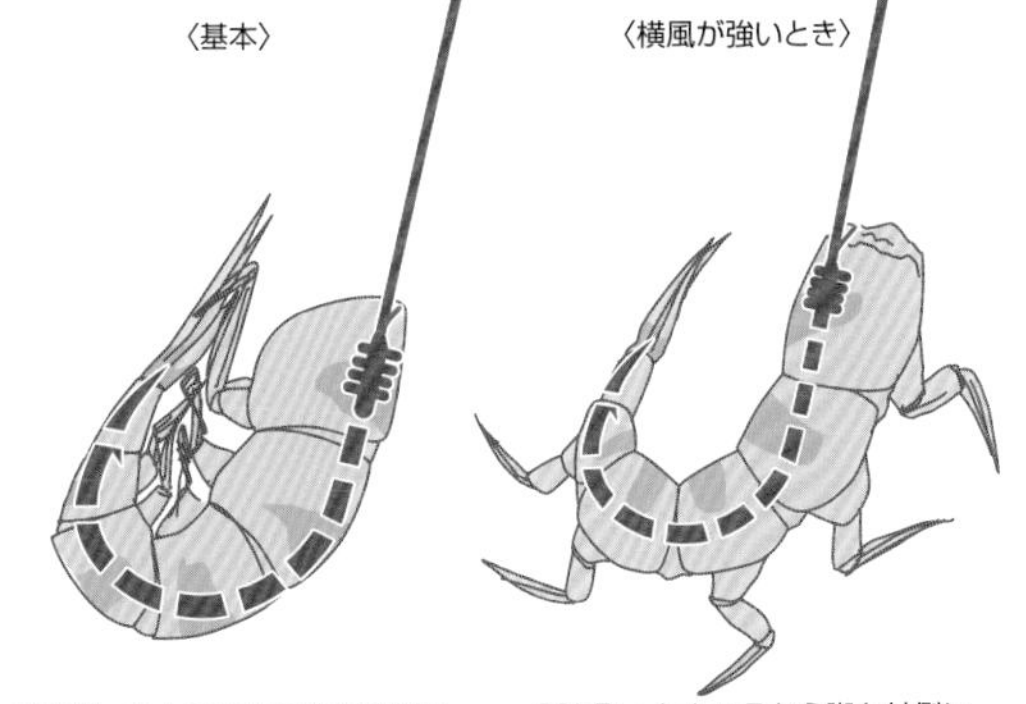

頭を取ったところから脚を内側にして通し刺し。チモトは殻に当ててハリ先は尾バネ付け根の硬いところでロックする

頭を取ったところから脚を外側にして通し刺し。殻が内側にくることでさらにハリ持ちがよくなる

Peace's Advice

ハリのサイズに合ったオキアミを選ぶのが前提です

トーナメントの世界へ COLUMN 3

名人の釣りを見たいがために猛練習 福井グレカップに初出場し準優勝

僕がグレ釣りにのめり込み始めたころに、福井グレカップとか京都グレトーナメントとかが始まって、福井グレカップは関西電力とか観光協会とかがバックアップして豪勢な大会やったんですよ。立石(宗之)さん、宮川(明)さん、藤原(義雄)さん、山元(八郎)さんとか雑誌とかテレビに出ている名人が集まるっていうんで、ギャラリーとして見に行きたいって電話したんですよ。ところが、それはダメだと。選手として予選を勝ち上がったら本戦で見られますよっていわれて、よし、じゃあ練習しようと思って、2年間は練習だと決めて、舞鶴《まいづる》の小橋《おばせ》の三角《さんかく》、そこだけに通い続けた。同じ場所で一年中釣りをすることで海のことが分かるし、サンズアップの方法とかいろいろ勉強になりましたね。

俺ってけっこういけるやん

よし、2年間やっったぞと、挑んだら予選通過して。あっ、俺の釣りも通用すんやと。これでプロたちの釣りが見られるぜって本戦行ったら名人おるし、すげーって思いながら試合が始まったんです。そしたら2日目に残ってね。海がシケてて準決勝がなくなって、4人で同時決勝になって。終わってみたら僕が2位で、記憶違うかもしれんけど、何十㌘差で藤原さんが優勝だったんですね。

当時は僕も若かったし、考え方もやんちゃくれてたので、なんや、俺けっこういけるんやんって思いました。翌年は決勝戦で八郎さんと戦って、前半リードしていたのを後半まくられて負けて。それで完全に火が付いたんですね。

TECHNIQUE part 4

テクニック編

初めての釣り場でのタナの決め方や、横風と潮の流れが同じときの対処法、低水温で見えないエサ取りにやられるときの釣り方など、まさに釣り場で遭遇する、様々なピンチはこれでクリア。

Q「張り気味」や「張らず緩めず」はどう意識する？

A マキエが沈む角度に仕掛けを合わせるのが理想 回収時に仕掛けが上がる角度を目安に調整する

■フカセ釣りでよくいわれる「張り気味で」とか「張らず緩めず」という感覚がいまいちつかめずにいます。何をどう意識すればいいのでしょうか。

◎それらは、けっこう感覚的な言葉なので、つかめない人が多いんじゃないですかね。経験からくる感覚なんでね。なかなか時間がかかるかもしれない。僕の場合は張るときもあれば緩めるときもある。張るにしても強く張るときと緩く張るときと張り加減に段階があるし、張らないときもどれだけ緩めるかっていうのがある。

その日の潮の流れや状態によって、これ以上張るとウキから下が浮き上がってしまうなってときは緩め気味に流そうかなとか。張らないと上潮が速いからウキが先に流れるなとか。そういうのは釣りながら海からの情報を読み取ってます。仕掛けを回収するときにどの角度で上がってくるかがひとつの目安になる。

流していているときのウキからサシエまでの状態っていうのは想像はしますが見えないのでね。ウキを沈めて釣っていて回収するとウキがいきなりぼこんと浮いてきたら、意外と浮いてるやんとかね。サシエがウキと同じようにすぐに上がってきたらめっちゃ斜めになってるやん、これはもうちょっと緩め気味に流さないかんやんということで、次は緩め気味に流す。それでも浮いてくるならオモリを足すとかね。そういう微調整の繰り返しで生まれてくる張り加減の感覚なんですね。

――海の中の仕掛けはどういうイメージで流しているのでしょうか。

ばくっといえば、サシエが一番潮下にあってハリスが遅れ気味についてきてウキが一番最後にある。サシエが一生懸命ウキを引っ張っていく感覚ですかね。

仕掛け回収時にサシエがすぐに浮いてくるのは仕掛けがしっかり入っていない合図。次は緩め気味に流してみる

――ウキからサシエまでの角度はどのようなイメージでしょうか。

これはね、その日によってばらばらなんですよ。よく理想の角度は何度とか表現されるますよね、45度とか。それもね、潮が流れてなければどうするのってこともある。僕は日本海とかまったく潮が流れないところで釣ることもいっぱいあるし。潮が流れないならウキから下はまっすぐ立っていてもいい。乗せる潮がないのでマキエも下にしか落ちない。そんなときに仕掛けを張ると手前に寄ってきたりして逆にマキエからずれる。流れてないときはまっすぐ立てればいいし、流れが速いならそれに乗せてサシエが浮き上がりすぎないように緩め気味に流す。

マキエの沈む角度をよく見て合わせる

2ヒロのタナを釣るとしましょう。マキエを海面に撒きます。潮が右から左へ流れているとして、どこまで左に流れたときに2ヒロまでマキエが沈んでいるかという感覚ですね。たとえば左に2メートル進んだときにマキエが2ヒロまで沈んだとしたら、マキエを撒い

マキエの流れをしっかりと目で追い、どんな角度で沈んでいくかをまずは把握すること

た位置にウキがあってサシエは2メートル先で2ヒロの位置にある。この角度に仕掛けを持っていくのが理想中の理想なんですよ。

流れが緩ければマキエの沈む角度も立ってくるので、張りも緩くして仕掛けを立てていく。ただ流れが速いときは張り過ぎるとマキエの角度よりもサシエが浮きやすいので注意する必要があって、浮き上がってしまうならオモリを打って対処する必要があります。

毎投毎投マキエを撒いたときにどういう角度で沈んでいくのかが見えるはずなので、それをよく見ておいて仕掛けを合わせていく。それで回収するときに仕掛けが上がってくる感覚。それらで合わせていくイメージですかね。

ハリスの太さとかハリの大きさとかね、釣れないときはそっちにシフトしがちですが、実はうまく潮の角度とスピードを合わせれば本来食ってくる状況なのにってことがある。だから僕もしっくりこんかったら、もっとしっかり海を見よう、ちゃんと海を見ようって言い聞かせてやってますよ。

根本的に大事なのはマキエが流れていく潮に乗せるということ。勘違いしがちなのは、ウキがあっちに流れていくから潮はあっちにいってると。すべてが間違いではないのですが間違いのときもある。要はちゃんと道糸を置いていなくてウキもぽかんと浮いていれば、流れていくけどそれは潮じゃなくて風だったり道糸の影響だったりするのでね。そういうところに気を付けて、本来乗せるべき潮はマキエの流れ具合で判断してほしいし、そういうところに時間を費やしてほしいですね。

僕の場合は、この角度をこの流し方で完璧や、ぴったり合うぞと思ったときが張らず緩めずになるんですよね。それがいちばん準備ができた状態であとはアタリを待つだけ。緩め過ぎるとアワセが遅れるし、張り過ぎると潮からずれる。ウキからサシエまでいっさい影響を与えずキープできた状態が張らず緩めずだと思います。

理想はマキエが沈む角度

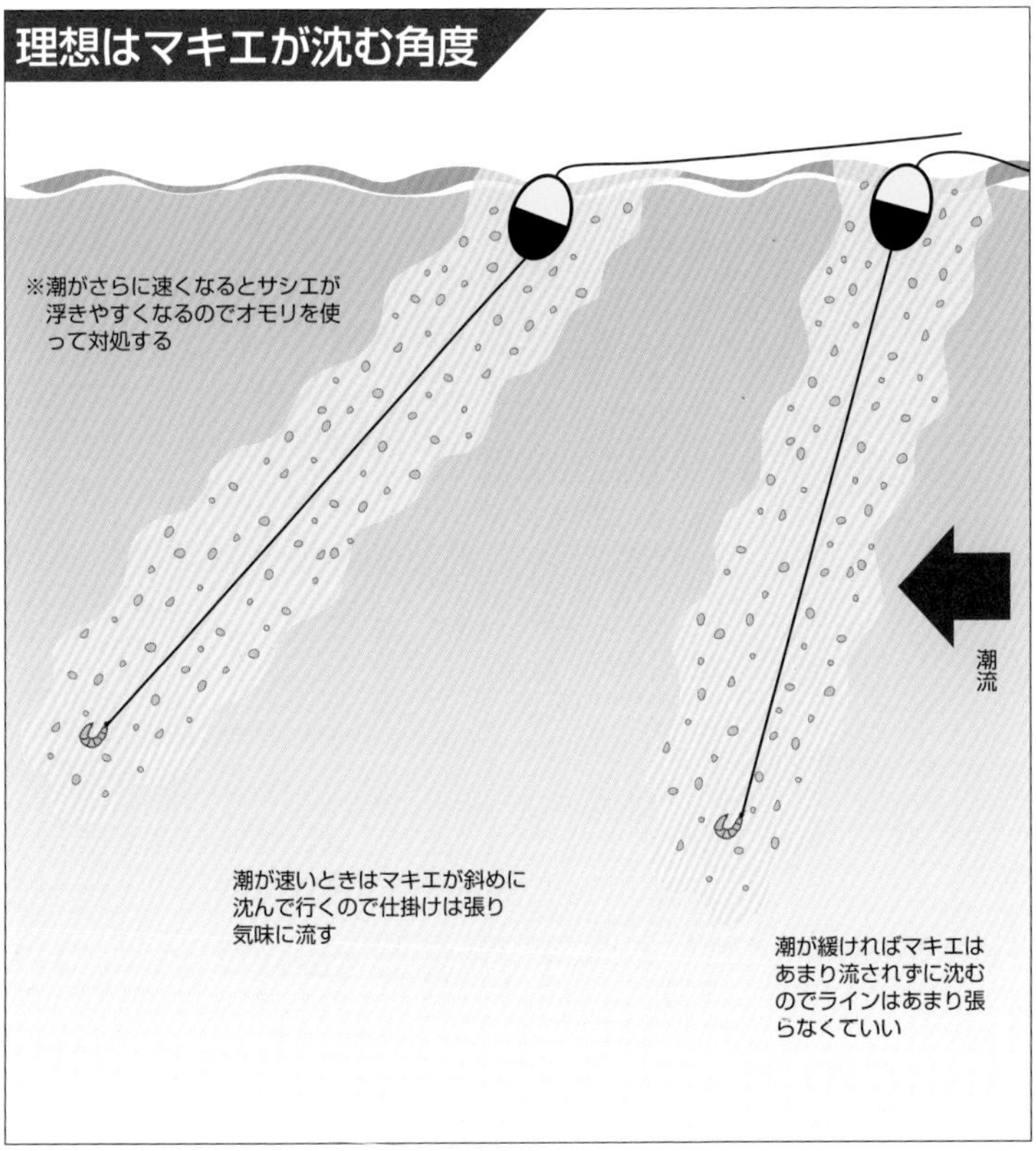
※潮がさらに速くなるとサシエが浮きやすくなるのでオモリを使って対処する
潮流
潮が速いときはマキエが斜めに沈んで行くので仕掛けは張り気味に流す
潮が緩ければマキエはあまり流されずに沈むのでラインはあまり張らなくていい

Peace's Advice

海中でサシエが一生懸命にウキを引っ張る感覚です

Q ウキを沈めるときの道糸の張り方は？

A マキエの沈む角度や速さを追いかけるようサシエよりもゆっくりウキが沈む状態を保つこと

■ウキを沈めて釣っているときの道糸の張り方を教えてください。

◎　これは難しい。潮もあるし、自分が使っている仕掛けの沈もうとする強さというか、マイナスの力がどれだけデカいかにもよるので、身につくまで、感覚が芽生えるまで時間がかかると思うんですよ。海の流れ、サラシも含めてですが、こっちへ押そうとする力と、その中で浮き上がり過ぎず沈み過ぎずにというバランスの問題なのでね。

ウキを沈める釣りは好釣果につながるテクニックのひとつ。少し時間はかかるが張りの感覚をぜひ身につけてほしい

　分かりやすいのは道糸を張り過ぎてたらウキが浮いてくる。目に見えるところでウキが浮いてくるなら張り過ぎてるので緩めないといかんのですよ。逆に張っているのに仕掛けがずんずんずんずん手前に戻ってきたりするのはマイナスの力が強すぎる。ウキの浮力に対してオモリが重すぎるんですね。

　沈めていくのはいいんですが、ウキが速く沈み過ぎるとアタリが取れなくなる確率が上がります。ウキがサシエよりも速くいってしまうと、サシエに魚が触っても道糸は動かない。だから本来はサシエの沈むスピードよりもウキはゆっくり沈めていくのがベストで、それを崩さないように張るんです。

　ただ、応用編としてウキを先にぎゅーんとVの字になってもいいので沈めてから、ぴーんと張ったところでサシエが遅れて入ってきて食わせるっていうのもありますが、最初に覚えるべきはサシエよりもウキがゆっくり沈むようにするやり方です。魚がサシエをくわえたら道糸にアタリが出やすいですからね。この形になるようウキが浮き過ぎないように、入り過ぎないようにすることです。

――ラインの張り加減と仕掛けのバランスの両方が大事ですね。

　張り方で調整できたら便利なんですよ。わざわざ仕掛けに手を入れなくてもいいわけですから。

　大事なのは沈みゆくサシエのオキアミのスピード。ここにオキアミがまだあるな、沈んでいくな、見えなくなったな、前に出ていくな、っていうところに、ウキがついていかず下に入っていくとしたら張りが足りないのかもしれないしオモリが重すぎるのかもしれない。

　オキアミが見えているところから消えていくところの角度を追っていけるような沈み方をさせてやること。その状態で送っていける張り方なんですよね。

　言葉でいうのは非常に難しいですが、沈めて張って釣る、もしくは緩めて釣るっていうのは好釣果につながるテクニックなので、頑

水中の仕掛けをイメージして送り込む

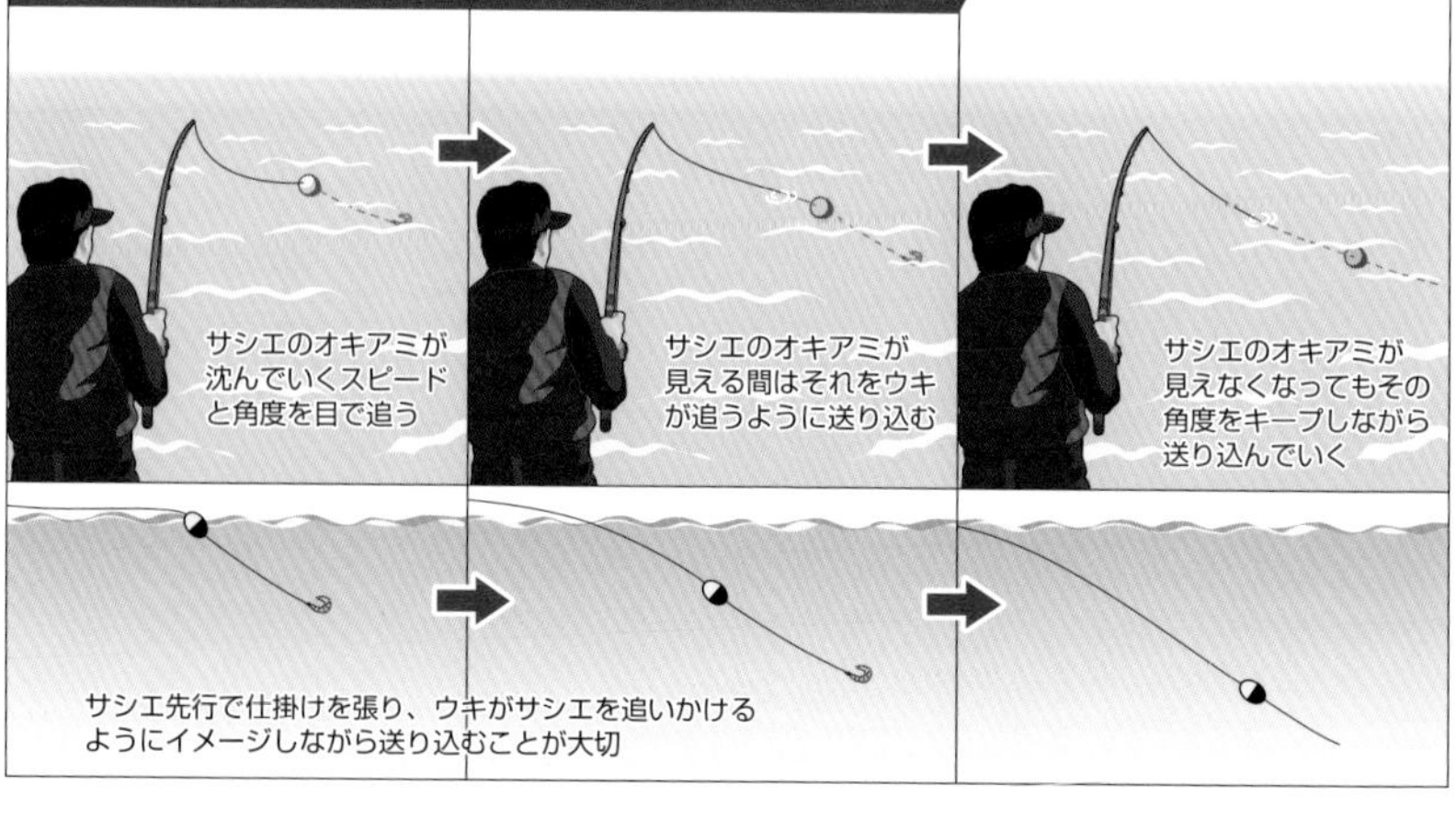
サシエのオキアミが沈んでいくスピードと角度を目で追う
サシエのオキアミが見える間はそれをウキが追うように送り込む
サシエのオキアミが見えなくなってもその角度をキープしながら送り込んでいく
サシエ先行で仕掛けを張り、ウキがサシエを追いかけるようにイメージしながら送り込むことが大切

張って身につけてほしいですね。

入っているようで入っていないことが多い

——サシエの取られ具合からきちんと張れているかどうか判断できないでしょうか。

　きれいに張れているときって魚がサシエを触ったら道糸が動くんですよね。あっ、触ったって分かるんですよ。これはバランスが最高に取れてるときなんです。サシエを触った瞬間に道糸にツンッてアタリが出れば、すぐ掛けられるし掛け損ねが少ないし、のみ込まれづらい。だから、自分でこんな感じかなってイメージしながら何回か沈めていっても、アタリが分からないままサシエが取られているとしたら張りが足りないと思うべきかなと。もちろん、カワハギとか仕掛けを張ってもアタリが出ない魚はいますけどね。

　沈める釣りはイメージの釣りですから、仕掛けが見えなくなるまでの角度とスピードは分かるので、それをキープするように流していく。それで仕掛けを回収したときにいきなりポンとウキが出てきたりとか、逆にこんなに入ってるのかってこともあると思うんですよ。それは張り過ぎてるのか張りが足りないのか、潮が違うのかってことなので、見える範囲はしっかり見て、そのイメージを持って釣るしかないですからね。

　うまく張れていたらグレだけじゃなくアタリは増えるし釣果も伸びるはず。それでしっくりくる感覚が身につくと思います。これくらいできたよね、ほらきたきた、当たったとか。最後は魚が教えてくれることになるんですけどね。

——何も釣れないというのはうまく張れてないってことですね。

　沈めて釣るときって入ってるようで入ってないことの方が多いんですよ。入っていたらグレじゃなくても他の魚も当たってくるのでね。例えばアイゴとかサンノジばっかりが食ってくるならグレのタナより深く入り過ぎてるんですよ。それにブダイとかが食ってくるならもっと入ってるし、ベラやタマミとかならもっともっと入ってる。イサギばかりになってもグレよりもちょっと入り過ぎてる。

　そうした魚が目安になりますよね。

　何投しても何も釣れへんわ、アタリも出んわってことになると上っ面のエサ取りにやられていることが圧倒的に多いです。下の方に小さいエサ取りがワーッていることはあまりないんでね。グレ釣りの場所に関していうとね。それを目安にしてもいいですね。

サンノジが食ってくれば仕掛けが入り過ぎている。タマミならなおのこと。釣れてくる魚種から仕掛けの入り具合を判断して調整することでグレを引き出す

Peace's Advice

思った以上に仕掛けは入らない タナは釣れる魚種を参考に

Q 初めての釣り場でのタナの決め方は？

A グレは2ヒロを基本に冬場は3ヒロから チヌは水深を測り底上1ヒロでスタート

■初めて行く釣り場でのタナの決め方を教えてください。

◎

グレ狙いならだいたい2ヒロでスタートですね。グレはマキエに反応して浅いタナに浮いてきますよね。食いが渋いときには上がってこんし、高活性のときはもっと浮いてくる。だから2ヒロからスタートすることに、たいした意味はないんですが、まず悩まずに2ヒロから始める。釣れなければどんどん変えていけばいいですからね。ただ、冬場はグレのタナがちょっと深い傾向にあるので3ヒロから。どちらかといえば、そこから深くしていくことが多いから、ハリスを長く取っておきたいというのもあるんでね。

ハリス2ヒロのウキ下2ヒロから始めて深く釣ろうとするとどうしてもハリスが短い。フロロハリスとナイロンの道糸では比重がぜんぜん違いますからね。1・8と1・14ぐらいの差があるのでね。ハリスの方が重たいので圧倒的になじみが早い。ウキから下は入れたいのでハリスは長い方がいい。ウキから上はできるだけ浮かせたい。ウキを浮かせて釣る場合なんでね。だから、冬場は3ヒロのハリスでウキ下3ヒロからスタートです。

――ウキ下の調整幅はどれくらいでやりますか。

エサが残ってきて深くするときは1ヒロとか1ヒロ半くらいで下げていきます。逆に魚の気配があったり釣れたりしたときは上げていきますが、釣れるタナの一番上で釣りたいというのがあるので、尾長やるときなんかはもう5チセン刻みで変えたりとシビアにいきます。口太だったら数十チセン単位ですね。

自分なりのウキ下の基準を作っておけば釣り始めに迷うことがない

チヌが回ればエサ残るタナよりも地形を探る

――チヌの場合、釣り始めのウキ下はどうなりますか。

タナ取りオモリを付けて水深を知った方がいいですね。チヌは浮いてくることもありますが、グレに比べると少ないのでね。僕がよくやるのはデュエルのクッションシンカーというゴムの付いたシンカーのゴムにハリを刺して投入し、ウキが沈んでしまえばウキ止めを上げていく。そうやって水深を測ります。それで、底から1ヒロぐらい上のタナで釣り始めます。

――アタリがなければウキ下は上げてきますか。

チヌの場合はまったく当たらなくなったら、ハリスをはわせてもいいくらいですからね。底にサシエを置いてやったら食うこともあるので。チヌが回ってきたときにエサが残ることが多いので、エサ取りが多いからと上げていったらチヌは上がってないのにってことがある。タナを上げるというより狙う場所をずらすなど地形を追った方がいいですね。

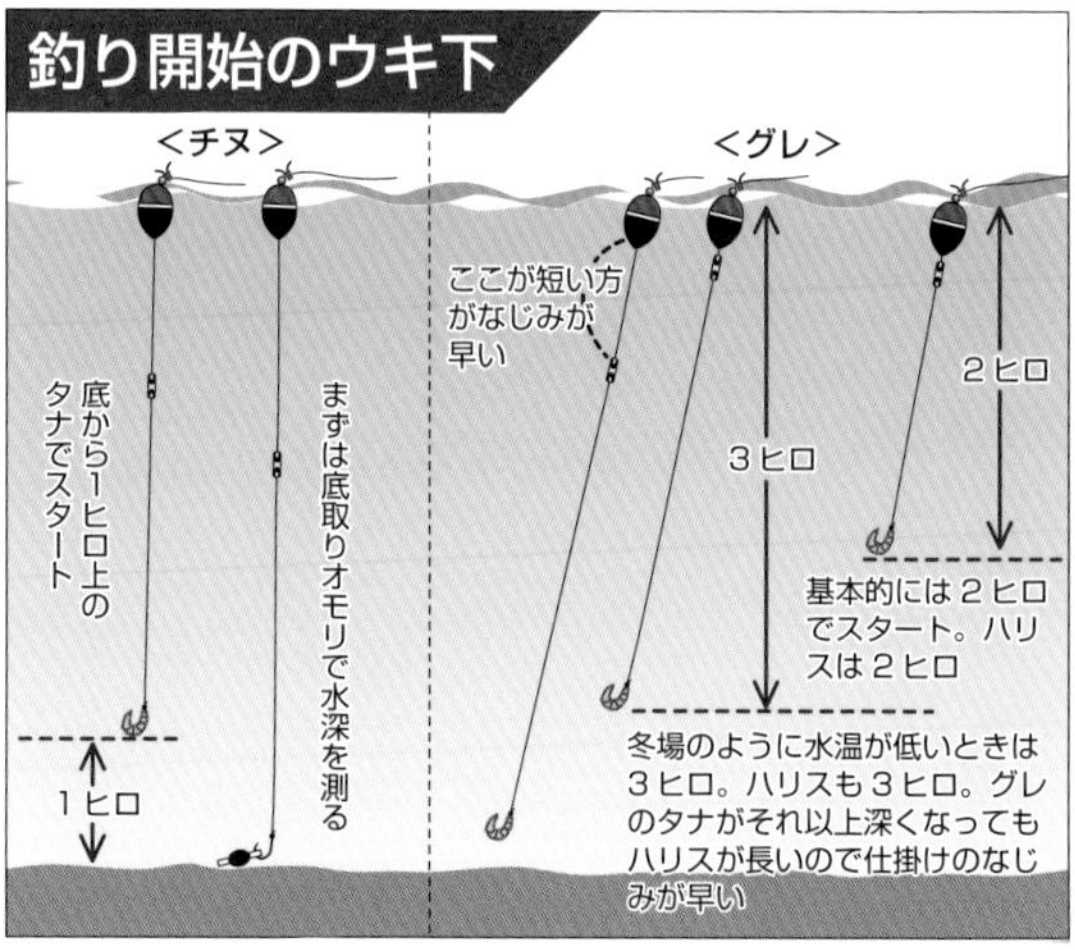
釣り開始のウキ下
<チヌ>
底から1ヒロ上のタナでスタート
まずは底取りオモリで水深を測る
1ヒロ
<グレ>
ここが短い方がなじみが早い
2ヒロ
3ヒロ
基本的には2ヒロでスタート。ハリスは2ヒロ
冬場のように水温が低いときは3ヒロ。ハリスも3ヒロ。グレのタナがそれ以上深くなってもハリスが長いので仕掛けのなじみが早い

Peace's Advice
グレはどんどんタナを替えてチヌは底付近で地形を探ろう

Q 設定したタナで仕掛けがなじまないときはどうする？

A ウキ止めがウキに到達しオモリの負荷が乗ったら若干ウキが押さえられる感覚を知ること

■タナまで仕掛けがまったく落ちないときがあります。たとえば3Bの仕掛けで4ヒロを釣ろうとしますが、3ヒロよりも落ちない、仕掛けがなじまないといった状態です。このようなときは3ヒロまでのタナを釣った方がいいのか、1号オモリで無理矢理入れてしまう方がいいのか、どちらでしょうか。

◎

ウキの動きでなじみを知る

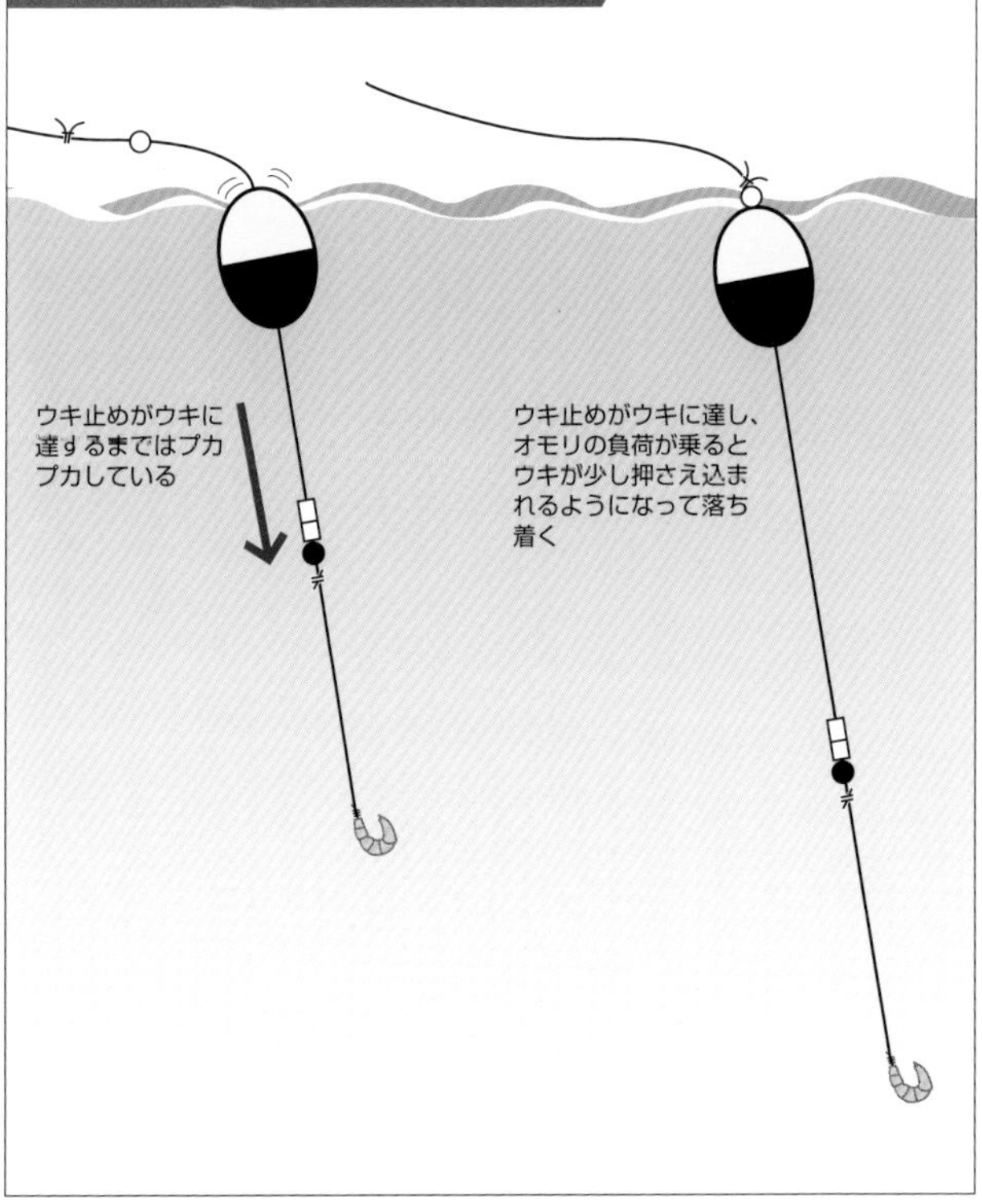
ウキ止めがウキに達するまではプカプカしている
ウキ止めがウキに達し、オモリの負荷が乗るとウキが少し押さえ込まれるようになって落ち着く

——落ちないというのはどういうことなんでしょうか。ある意味、なじんでいることが分からないのかも。

可能性があります。ウキ下4ヒロで3Bだから、普通なら落ちるはずなんですよ。これが落ちないって思うっていうことはしっくりきてないということなんでしょう。もしかしたらなじんでいるかもしれませんけどね。

一つ解決法としては、浮力が大きいウキというのはウキ止めまでいって、オモリの負荷が乗れば、ウキが若干押さえられるはずなんですよ。なじむまではプカプカしてもウキ止めがポンといったらグッて。それを読み取れるようにしてもらったら、落ちているなっていうのが分かるはずなんですよね。

釣りを始める前に浮力設定に時間をさく

だから僕はいまだにやってますけど、釣り始める前にサシエを付けずに仕掛けを一回海に投げて、空の状態でこの仕掛けはどういう浮力なのかっていうのをチェックする。サシエが付いていない状態でギリギリぐらいの浮力設定をすれば、サシエが付いていると沈み気味になっているのが、なくなれば浮いてくるということもできるんで。その設定に時間をさいた方がいいんじゃないかなって思いますね。

——基本的に落ちてないことはあり得ないことが多い。

いや、ただ、視力が悪くて見えずに、というのはあり得ることなんで。だから全部ひっくるめて確認をするためには、ウキがちょっと押さえ込まれる感覚を知るということが有効なんじゃないかと思います。

釣り始める前に小さなオモリでウキの余浮力をきっちり調整することが大事

Peace's Advice

ウキの浮力設定はサシエなしでギリギリに

Q 横風と潮が同じ方向のときはどう釣ればいい?

A 仕掛け操作うんぬんのレベルじゃない 大きめのウキを固定で沈め踏ん張らせる

■横風と潮が同じ方向。ともに右から左。ポイントは竿2本先。上潮は速く下潮は遅い。仕掛けを張りたい、ラインメンディングをしたい。しかし潮と風が邪魔してうまく操作できません。どうしたらいいでしょうか。

◎

潮が真横で、風も同じ真横というのは僕がやっても「うわー、嫌やなあ」と思います。一番つらいんですよ。何もできないです。ましてや上潮だけ速いっていうのは、そらね、大変ですよ。で、この質問ができるっていうのは、結構しっかりやられてる、もしくはいい感覚を持ってる人なのかなあと。心配ない、僕も苦戦します!

――どうしたらいいんですか?

まず、もうウキを浮かしてても絶対無理なんで。普通に投げて置いてもラインが風で押される。さらにウキより手前の道糸だけもっと速く流されるってなったら、目も当てられないです。

方法があるとしたら、まずは絶対にウキを沈めなさいというのと、ウキはヨウジを差してでも固定にしなさいと。ウキ止めで止めても緩みますから、完全に詰めてしまえと。ラインとウキをくっつけなさいと。それをできるだけ底潮の中に入れて、あとはちょっとだけ張り気味にして、仕掛けがふんばってくれるよう、頑張れ頑張れって祈るしかないですよ。

マキエは一番潮上に、流れと平行に長く撒くことでサシエとの同調を図る

だから、釣ろうとしているところにデカいウキを沈めて、ウキが受ける水圧というか力でズレないように、なんとかヒットする時間を稼ぐ。どのみち頑張っても道糸は流されるんで。だから沈めるときに、ウキはSサイズよりはMサイズの方が頑張りやすい。

それとできるだけ道糸を細くする。もしくは、僕はそういうときしかやらないんですけど、ハリスの中にウキを入れる。ウキの上のラインが浮いて流されないようにフロロハリスを長めに取ってウキを中に入れてヨウジで差して固定にして、それを沈める。

着水した瞬間にウキが沈んで行くような仕掛けにして、あとは若干張りながら頑張れ頑張れと。

浮いてくるなら オモリが足りない

――ハリスにオモリを打ったりとかは?

道糸とハリスは役割が違うので基本的にハリスにウキを通すことはないピースだが、風と潮が同じ横からとなれば話は別。ハリスを長く取って道糸と直結しウキを通して固定にし対処する

しますします。もちろん。これはもうウキだけ入ればいいんで、なじませようということ自体間違えてる、無理なんですよ。そういう状況じゃないから。コントロールできないんで。基本、仕掛けを投げて着水したら操作はしないと。操作しようとすればするほど風にやられるんで。

　ウキが沈まない、ウキが沈んだあとにラインを張ると、沈んでいたウキが途中で浮いてくるならオモリが足りない。そういうときはウキの直下にオモリを追加します。当然ウキは固定なので、ウキを重くするつもりでいいんですよ。

　だからマイナスウキを持ってるんならマイナス0でもいいし、マイナスG2とかマイナスBとか。ウキ本体を重くして、それでも張ったときに浮いてくるときは、ウキの直下にオモリを打つ。オモリを打ちすぎると今度は張ったときどんどん手前に沈んでくる。ルアーみたいにカーブフォールしてくるから。そこのバランスです。

横風、横流れの対処法

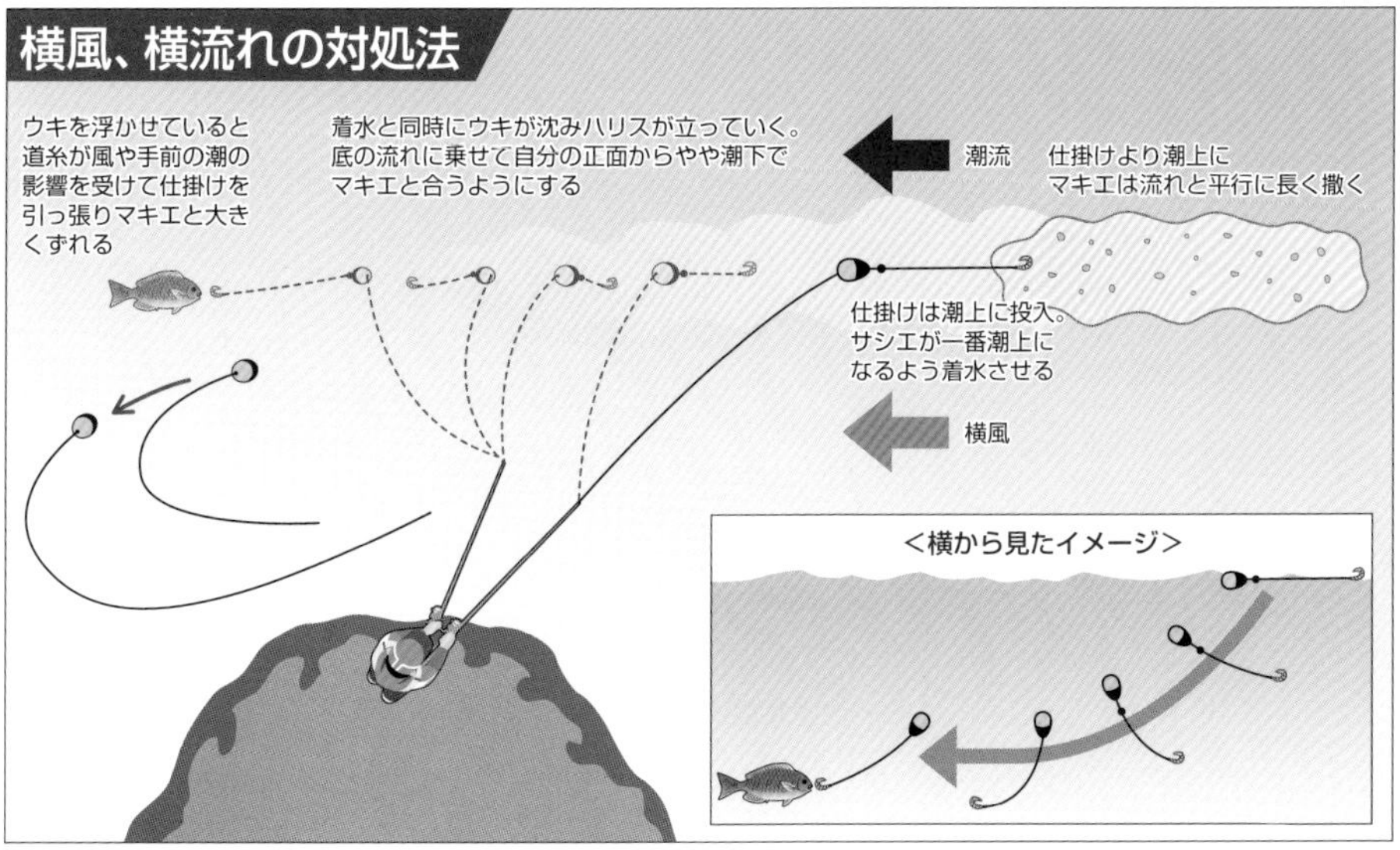
ウキを浮かせていると道糸が風や手前の潮の影響を受けて仕掛けを引っ張りマキエと大きくずれる
着水と同時にウキが沈みハリスが立っていく。底の流れに乗せて自分の正面からやや潮下でマキエと合うようにする
潮流
仕掛けより潮上にマキエは流れと平行に長く撒く
仕掛けは潮上に投入。サシエが一番潮上になるよう着水させる
横風
<横から見たイメージ>

　それでね、そのときに一番大事なのはキャスト位置。修正できないということは、投げたときに、仕掛けやラインがどの形になってるか、どこに投げてるかなんです。右から左の真横の風で正面に投げると、横風受けて沈んでいくので、だいぶ左側に膨らんで、いいところに入ったときにはほぼほぼ道糸が膨らんでると思いますよ。

　こんなときは若干右、向かい風になる側に向いて、外側に投げて、サシエを潮上、風上に落とすように投げて、着水と同時に右側にロッドを倒して、正面まで流れてきたときに自分の思っているタナに入っているようにセットして、あとは頑張れ頑張れですよ。それが一番マシかな。風に負けるからといって風下側に向いたら最悪ですよ。もう投げた瞬間から道糸が膨らんで。

マキエは一番潮上に正面に効くよう撒く

――マキエの位置とかはどうなんですか。

　マキエはもう潮上に向いて。正面からちょっと潮下が食わせるところ。そこしか勝負できないんで。だから正面に効くように全部風上側に、できるだけ潮下、潮上の向きで縦長に撒いて、どれかにサシエが同調してくれと。一番潮上にマキエを撒きますね。

――アタリの取り方は？

　ラインしかないですね。

――フッキングでコツとかあるんですか。

　いや、もう合わせるしかないですよ。その環境になったら、食い込ますとかそういう次元の話じゃないんで。道糸も真っすぐになってないでしょうし、もともと沈む仕掛けじゃないと対応できないんで、掛け合わせるとかそんなレベルの話じゃないんで。食ってくれてありがとうって釣りですから。

Peace's Advice

自分の正面でタナに入るよう大事なのは仕掛けの投入位置

Q ウネリが強いときの釣り方を教えてください

A 固定ウキの段シズ仕掛けでなじみをキープ　サシエが水平移動するよう浮力を調整

■ウネリが強いときの釣り方を教えてください。道糸があっちこっちに取られるし仕掛けは入っていないように思います。

◎

僕の場合はやり方は1個。完全固定でオモリを効かせます。ウキを固定にしてオモリを打つと、ずっとオモリがウキに効き続けますからね。これがウキ止めがなかったり半遊動だったりすると、どうしたって海面の上下で道糸がビーンと張って緩んでってなって自分で張ってないのに張ってしまう。そのときにウキ止めが抜けたり離れたりしてウキに当たってないと、オモリがウキに乗ってないしサシエが浮いてきたりする。固定にしておけばウキから下の状態が変わることがないですからね。もちろんウキは海面が持ち上がったときには沈むようにオモリで調整します。できるだけ仕掛けが平行移動するようにしたいのでね。

―― サシエが上下に踊らないようにということですね。

そうです。マキエはウネリが大きいからといって浮いてきたりはしませんから。だからウキがポコってなるってことは絶対サシエが上がってます。上がる下がるの繰り返しになる。海の中ではずーっと平行にスライドする、もしくは若干入っていくようにして、ウネリが上がったときはウキは下にあると。下がったときは海面と面一になるようにしたい。そうなると固定が一番効くんですよね。あとはオモリの量だけですから。

―― ウキはどれぐらいのオモリ負荷がいいのですか。

浮力はない方がいいですね。ただ00とかにG5とかを打つと仕掛けが張れないまま入っていくことがあるので、僕はちょっと浮力のあるウキを大きめのオモリで張らせる。でもマイナスの浮力が強い。G5のウキとかね。それにBとか。0にG3とかG4とか。そういう方がうまくいく気がしますね。

2つのオモリが効いて ウキが入っていく状態

―― オモリを打つ位置はいかがですか。

仕掛けを張りたい、なじんだ状態をキープしたい。仕掛けがなじ

ウキは浮力のないものにチェンジし固定にする。ウキから下の状態を変えたくないからだ

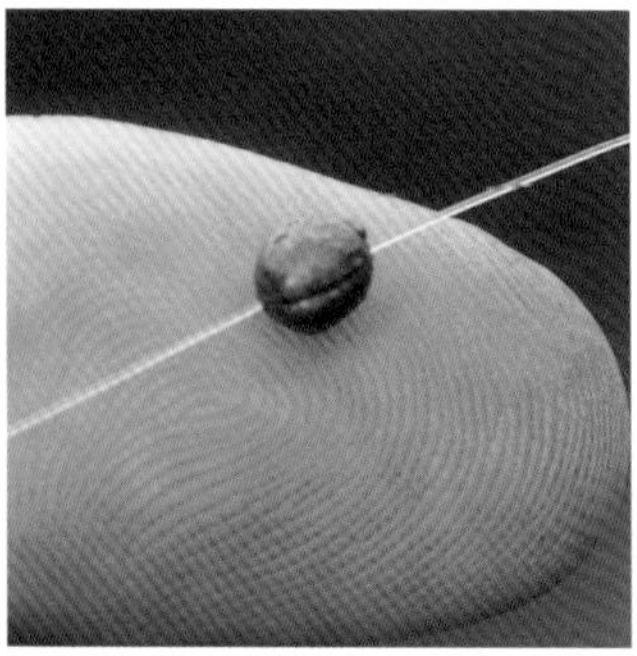
オモリを段打ちにして2つの重みが乗ればウキが入っていくように調整する

んでウキが浮いてこない状態を作りたいんです。ウキ下が2ヒロなら、ウキを押さえ込むオモリとして、たとえば0のウキだとしたらG4をウキから矢引きぐらい下に打って、さらに矢引きぐらい下にG5を打つ。要は2つのオモリが効かないとウキが入っていかないという状態にしたいわけです。これが1点打ちだったらハリスはビヨーンて横にあるかも分からない。それだとどこで食ったのかが分からないのでね。

　段シズにするのは、あくまでも1尾で終わらないためにと考えてのことですよ。最初はこのタナで、ここで、この雰囲気で連打したっていうのを目指したいので、毎回毎回同じ状態を作れる仕掛けでスタートするのがいいのかなって思います。

――ラインの管理についてはいかがですか。

　ウネリがあるときは無風なわけじゃない。そこそこ吹いていると思います。それで海面が上下する。緩めすぎたらあっちこっちに取られて仕掛けを右から左から引っ張ることになる。それではなじまないですよね。ラインはできる限り最短ルートを通します。それで仕掛けが浮いてくるならオモリが足りないんですよ。あとは一定の張り加減をキープするのに、海面が上がったときは竿を上げる、海面が下がったときは竿を下げる。ウネリのリズムに合わせて穂先を上下させます。

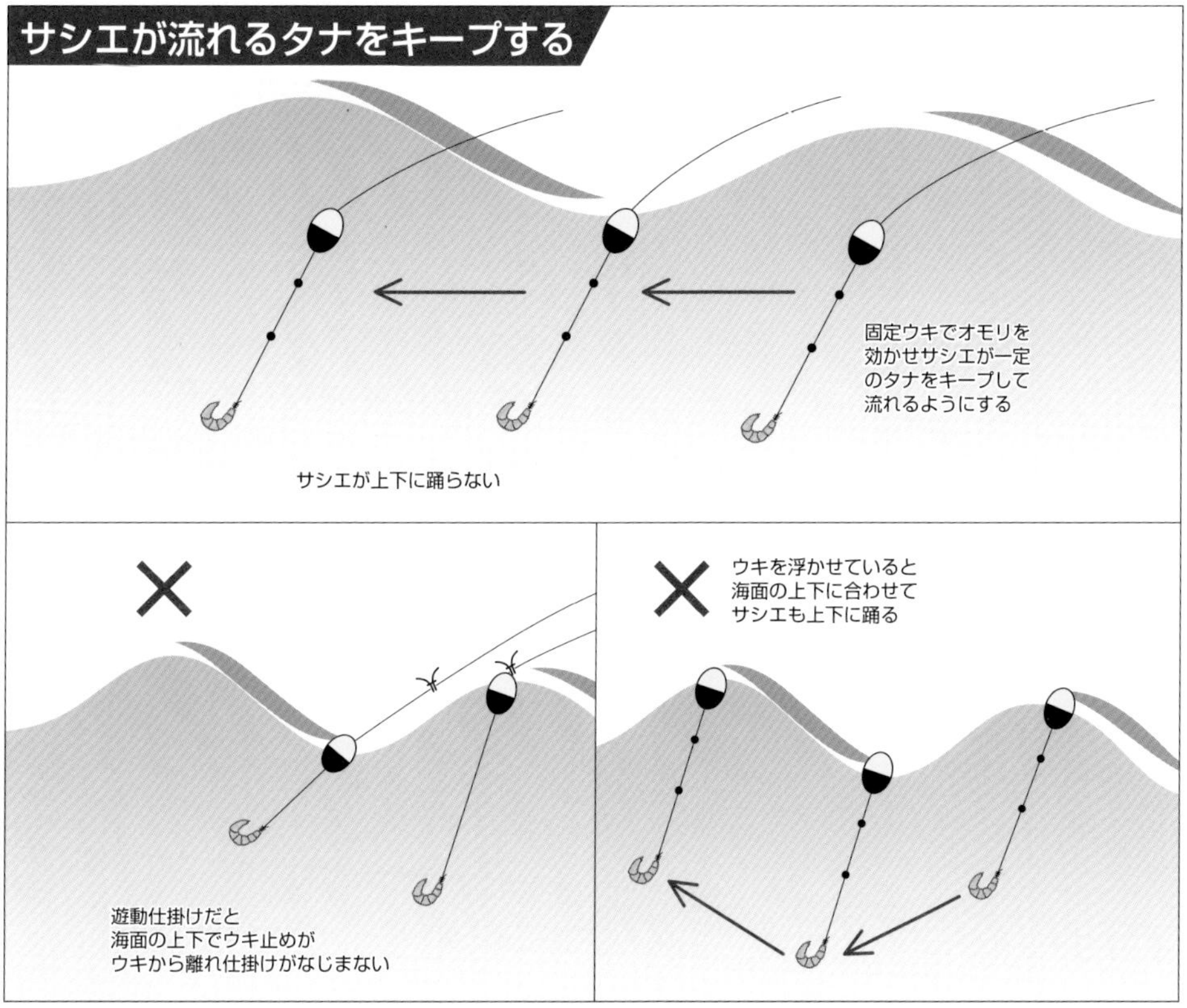
サシエが流れるタナをキープする
固定ウキでオモリを効かせサシエが一定のタナをキープして流れるようにする
サシエが上下に踊らない
×
遊動仕掛けだと海面の上下でウキ止めがウキから離れ仕掛けがなじまない
×
ウキを浮かせていると海面の上下に合わせてサシエも上下に踊る

Peace's Advice
ウキの上下動を抑えてサシエを踊らせないこと

仕掛けの遊びなど不確定な要素をなくしてきっちり管理することが大切

Q エサ取りの下に見えているグレにサシエを届けるには?

A マキエを一点に集中しエサ取りもグレも集めてそのど真ん中に軽くて小さいサシエをゆっくり落とす

■マキエを撒くとエサ取りが寄ってきて下に見えているグレまでサシエが届きません。どうやってエサ取りをかわせばいいですか。

◎

いくら上に木っ葉グレがいようがアジがいようがスズメダイがいようがですよ、下にグレが見えているなら、やれることはいっぱいあるんですよ。見えてなければ厳しいですけど、マキエを撒いて下にいい魚が見えてくるのなら手の打ちようがあります。

エサ取りの下にグレが見えているシチュエーションなら、自分から近い距離のはずなんですよね。エサ取りの下ということは見渡せる範囲なんでね。竿2本ぐらいまでの距離じゃないかな。

そういうときに僕なら、見えているグレに照準を絞ります。マキエを撒いてどう動くかですよね。そこをずっと見てますよね。

――具体的にはどう狙いますか。

大きいオモリを打ってエサ取りを突破するとか、投げ分けるとかはいっさいしないですね。もうど真ん中。マキエに反応して浮いてきてる魚なら、エサを食いたいはずなんですよね。だからマキエを撒き分ければ撒き分けるほどエサはあっちこっちにいっちゃうんで、狙えなくなるんですよ。そこで1カ所に集めるのが手っ取り早いんですよね。

僕やったら仕掛けを軽く小さくします。基本的にはハリとサシエの問題ですけど、軽くしてオモリも打たず一番小さいエサにしてスロー沈下させた方が通ることが多いんですよ。これでマキエのど真ん中をゆっくり落とす。サシエを目立たせたくない。目立つと終わりなんでね。エサ取りにしてみればわざわざ食いにいく価値がない、おにぎりバクバク食ってるやつがわざわざ米粒食いにいかんやろという話ですよ。追いかける価値がないくらいでいいんですよ。速く沈むものの方が小さい魚は絶対反応が早いんでね。

見えているタナっていうのは2ヒロから、深くても竿1本ぐらいでしょうから、そこまで届けばいいんですよね。魚を1点に集めて、マキエのど真ん中を食う価値のない小さいサシエで「通れ通れ」ってやってる方が、何十投に一回は通るんですよ。もちろん、これがアジだったら、サバだったらってエサ取りの種類によって対策はあるんですが、基本的には逃げないですね。

ちぎれたかけらを刺しマキエをかぶせる

――ハリは小さくとのことですが、何号ぐらい使いますか。

釣ろうとしている魚のサイズにもよりますね。50センチもあるグレを狙うのに超小バリとかはしんどいですが、そこそこのサイズに備えて、グレバリの3号とかも持ってますね。それで、きれいなエサなんか付けないで、ちぎれたかけらみたいなのを付けてですよ、ゆっくり落としていくんです。それで仕掛けを入れたあとにもマキエをかぶせれば、サシエはよけいにまぎれて分からなくなります。

マキエを撒くとわっとエサ取りが集まるが、まずは逃げずにど真ん中を狙うのがピーススタイル

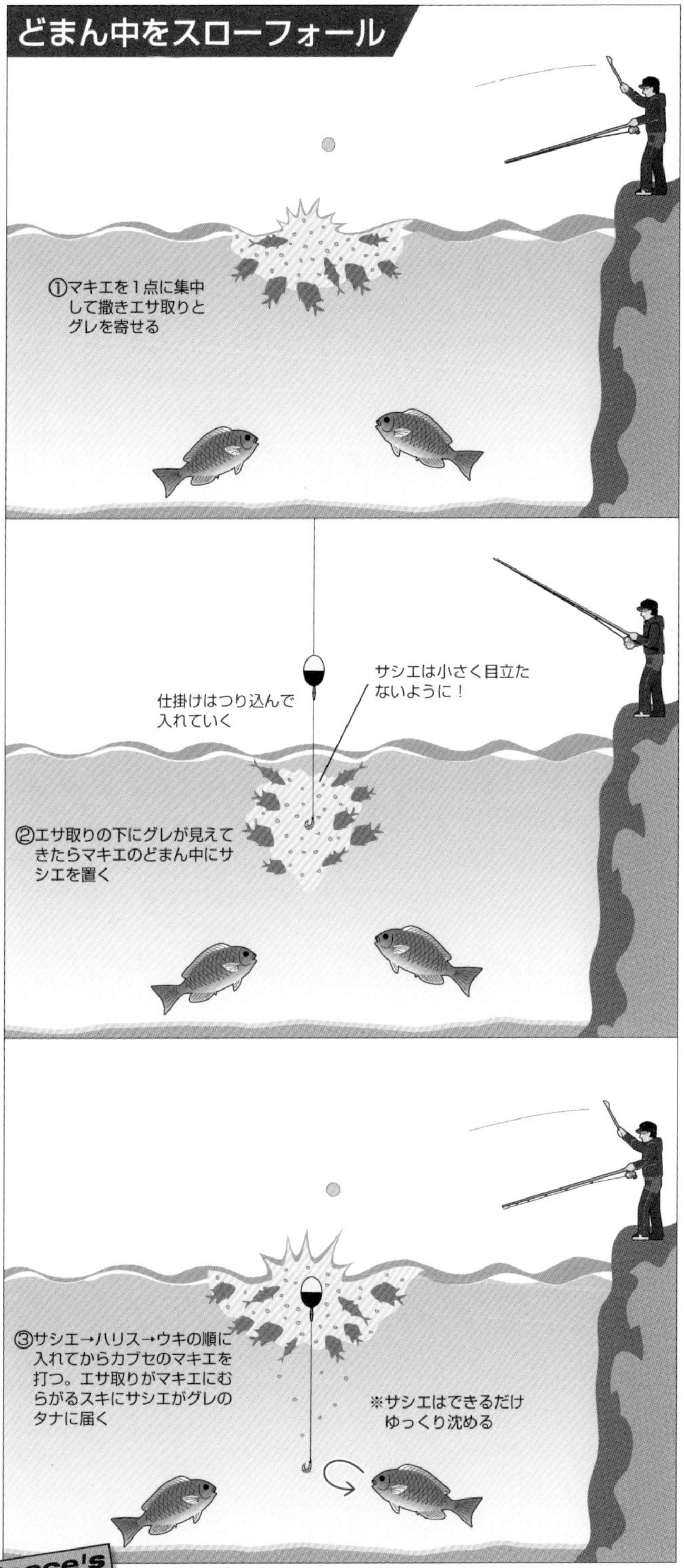
どまん中をスローフォール
①マキエを1点に集中して撒きエサ取りとグレを寄せる
サシエは小さく目立たないように！
仕掛けはつり込んで入れていく
②エサ取りの下にグレが見えてきたらマキエのどまん中にサシエを置く
③サシエ→ハリス→ウキの順に入れてからカブセのマキエを打つ。エサ取りがマキエにむらがるスキにサシエがグレのタナに届く
※サシエはできるだけゆっくり沈める

――仕掛けの投入はどんな感じになりますか。

竿1本までの距離で出るならぶら下げですね。これがいちばんいいです。サシエを入れてハリスを落としていき最後にウキを置く。音も出ないので気づかれない。エサ取りは着水音でけっこう寄ってくるのでね。だからマキエの真ん中を釣るけれど見つからないようにお忍びで。マキエを撒く、サシエを落とす、ハリスを入れる、ウキを置く。見えているグレならサシエが通れば食ってくると思うのでね。グレは捕食の瞬間はちょっと上がるはずなんで、見えているタナよりは少し上で食うと思います。そこまでいけばいい。20投に一回通ればいいんですよ。

――マキエと仕掛けを打つタイミングはいかがですか。

一点にマキエを1杯、2杯打ちます。グレが見ている状態を作っておいてから、真ん中にそっとサシエを入れてマキエを上からかぶせます。もうそこにしかエサがないように。どっちみち、エサ取りの下にグレが見えているというのは、おそろしくグレがいるわけじゃない。いっぱいいるならエサ取りは消えてしまうでしょうからね。

とにかくスタートはここです。これでやってダメなら、次の手に移ればいい。ただ、すぐに逃げよう、かわそうとするのはあんまりプラスにならない。僕だったらど真ん中の攻めを1時間ぐらいはやります。だって、1時間で1尾釣れれば上等じゃないですか。まして、見えてるグレが釣りたいサイズなら、見えない魚を狙うよりは見えてるグレを狙うのがベストだと思います。まずは逃げずにいけ！ってことですね。

Peace's Advice

1時間に1尾釣れれば上出来
まずは逃げずにいけ！ですね

Q 低水温で見えないエサ取りにやられるときの対処法は？

■水温が下がってくると3ヒロぐらいで見えないエサ取り（キタマクラなど）にエサを取られます。そのままそのタナを攻め続けた方がいいのか、もっと深いタナか、ポイントをずらした方がいいのか、見極め方を教えてください。

A サシエが取られるタナよりウキ下は1ヒロ深く ポイントを2カ所作り交互に時間をかけて探る

“ステルスエサ取り”の代表格といえばこのキタマクラだ

◎僕も若いときにけっこう悩んだことがあったんですよ。サシエを取られなければタナを落としていって、取られたタナの少し上を釣っていくのがグレ釣りのセオリーですよね。タナがあってないからサシエが取られると。

ただね、寒の時期に関しては、グレのタナはさらにその下ってことがある。もちろん上のときもあるんですよ。3ヒロ半とか竿1本を釣ってまったくサシエが残らんと。まさかこの時期にと思いながら上げてきて2ヒロでええ型のグレがパパパンと釣れるとかね。それも珍しくもないですが、確率としては逆のことが多い。だからもし、アタリもなくてサシエが取られるのであれば、さらに下ですね。

――どれくらい下げますか。

1ヒロ刻みですね。3ヒロで取られるなら4ヒロ、それでだめなら5ヒロ。エサ取りがいてその下にええ型のグレがいることが珍しくないんでね、冬場は。口太の場合は、僕らが思っている以上に深いところで食ってきますからね。

――どんな仕掛けを使いますか。

軽い仕掛けでは安定的に深いタナに入らないので5Bとか1号とかを使って仕掛けがなじめばジワッと入っていくようにしてウキが見えなくなるまでを探るとかですね。過去に三重県とか和歌山の樫野とかでこれで型のいいグレを釣

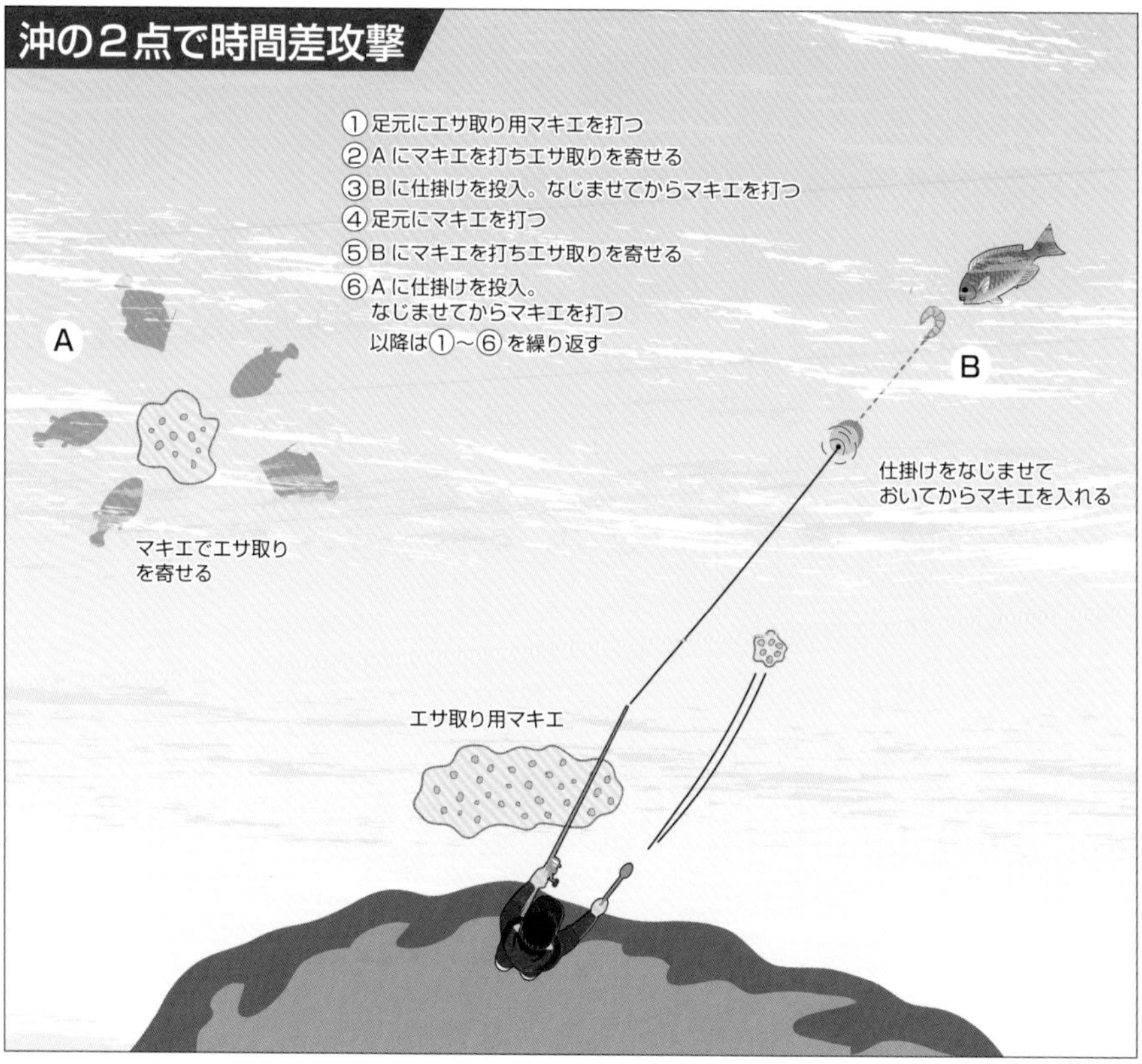
沖の2点で時間差攻撃
①足元にエサ取り用マキエを打つ
②Aにマキエを打ちエサ取りを寄せる
③Bに仕掛けを投入。なじませてからマキエを打つ
④足元にマキエを打つ
⑤Bにマキエを打ちエサ取りを寄せる
⑥Aに仕掛けを投入。
なじませてからマキエを打つ
以降は①～⑥を繰り返す
A
B
仕掛けをなじませて
おいてからマキエを入れる
マキエでエサ取り
を寄せる
エサ取り用マキエ

ネバーギブアップスピリットで
引き出す1尾は喜びもひとしお

Peace's Advice

5Bや1号の仕掛けを使って エサが取られるタナを突破

ってますからね。

仕掛けをなじませて マキエを入れる

――エサ取りのタナを突破するまでにサシエを取られないようにするにはどうすればいいですか。

3ヒロとか3ヒロ半のタナを釣っていてエサは取られるけれども結果が出ていないのであれば、そのタナはいらないのでね。だから、僕は1号で一気にオモリの力で下に入れるんです。

目に見えないエサ取りはフグ系、ハゲ系なんで、釣ってた場所の右あるいは左の平行線上に10㍍ほど離したところにポイントをA、Bと2カ所つくります。足元にエサ取り用のマキエを入れた後、Aにマキエを撒く。これで沖にいるエサ取りを集めてからBに仕掛けを入れる。仕掛けがなじんだところでマキエを入れる。こうやってエサ取りのタナの下にサシエを届けます。それで次は足元にエサ取り用のマキエを打ったあとBにマキエを打ってエサ取りを寄せてから、仕掛けをAに入れてなじませてからマキエを打つ。ハゲ系、キタマクラ系をかわすには有効な手段ですね。

だから一投一投のペースが遅くなる。タナが深くなるのでなじむのに時間がかかりますし、なじませてからマキエを打つ釣りなんでね。それでも軽い仕掛けで入れていくよりは早いですけどね。間違いなく設定したタナでなじむ仕掛けを使うことですね。

――オモリでストンと落としたあと仕掛けのなじみを早くするためにハリスを短くしたりはしないのですか。

それはないですね。2ヒロ半ほどはハリスを取ります。ウキ止めにウキが達するまでオモリでストンと落としたとしても、そこからはサシエをゆっくり沈めていく。早く落ちるエサは目立つのでハゲやフグ系にはやられやすいからですね。だからサシエも小さくしてゆっくり落とすといいですね。

Q 型の小さなグレの中からサイズアップを図るには?

A あれもこれも替えると手がかりがつかめないから まずはウキ下を1ヒロ浅くするか深くする

■型の小さなグレが釣れ盛ります。そこから型のいいグレを釣るにはどうすればいいのでしょうか。

◎

それね、エサ取りかわすよりも難しいと思います。まあ、昔からいろんな人がいってきてる、外側を釣るとか、沖に集めて手前を釣るとか、それらが通用するときもありますけど、木っ葉まみれのときは本当に難しいですよ。同魚種なんでね。20～25センチが釣れ盛る中で、40センチを釣るとなるとかなり難しい。20～25センチが釣れない釣りをしないと。

――だれもが実践できる、まずはここからやってみればという手立てを教えてください。

タナを替えることですね。小さいグレが釣れているタナを大きく替える。2ヒロで釣れているなら3ヒロ、それでダメなら4ヒロとウキ下を深くする。同じ釣り方でいいんで、タナだけ1ヒロずつ深い方、もしくは浅い方に替えてみる。活性の高い良型が浅い方に出てくることもあるんでね。まずは深い側に1ヒロ振ってどうなるか様子を見て、ダメなら浅い方に1ヒロ振って様子を見る。2ヒロでやってたなら1ヒロにってことですね。これはシンプルですが誰でもできることです。

仕掛けの投入点やリズムはそのまま

――このときは仕掛けの投入場所など変えたりしませんか。

シンプルにタナだけ替えて同じ釣り方でいいと思います。いっぱい替えちゃうと分からなくなりますから。順番に替えるべきなんですよ。竿2本くらい前を2ヒロでやっててサイズが伸びないんだったら、その場所、そのリズムのままウキ下だけを替える。それで結果がどうなのかがまず分かるはず。それでサイズが変わらないなら、マキエの向こう側を釣ってみる。それでもダメならさらに1ヒロ深くするとか。

あれもこれも替えてしまうと、何が効いたのか分からなくなってしまう。結果しか残らないので、それってあんまり身にならない。

2ヒロから3ヒロに替えたらこうなるのかと。もしくはぜんぜん変わらんやんけ、それならもう少し沖やってみようかと。竿2本沖の2ヒロの釣りから3ヒロで変わらん、4ヒロも変わらん。そしたら2ヒロで倍の距離を釣ってみると。そのときはマキエは2本先を釣っていたときと同じ場所に打つと。そうすればマキエに集まる魚の薄いところを釣ることになるので何がどう変わるのかが分かる。それでも変わらなければ、次は倍の距離にもマキエを打ってみると。そうして順を追ってつなげていくことで手がかりがつかめるんですよね。

――やっていることがはっきりするので、次につながるわけですね。

順番につながっていかんと面白くなんですよ。ほかにもやり方はあるので、それらはいつの日かということで(笑)。

あれもこれも一気に変えず順を追うことで仕留めた1尾は次につながる

Peace's Advice

順を追って替えることで何が正解か見えてきます

Q サヨリの大群のかわし方は？

A 手前も沖も泳ぎ回るから距離ではかわせない 段シズ仕掛けで海面から1・5㍍を素早くなじませる

■サヨリの量が異常に多く釣りになりません。分離方法を教えてください。

◎日本海は4月5月に野原《のはら》とか小橋《おばせ》とか舞鶴《まいづる》田井《たい》も含めて舞鶴近辺でサヨリの量がめっちゃ多くなるんですよ。それもけっこうでかくてね、40㌢級とか。以前にシマノの仕事でグレ釣ってたらサヨリが回ってきて。もう20尾釣るまではカメラ止めてくれっていってずっとサヨリ釣りしてました。アタリウキ使って（笑）。

――どこですか。

野原の沖ヒンデ。サンマみたいなのがいっぱい釣れるんです。でもそのときも、グレを釣ろうと思えばグレが釣れますからね。

――そのかわし方を教えてほしいのですが。

サヨリを釣っていたときはグレよりも浅く、なじまないように引っ張ってたんで。

――逆をすれば釣れると。

そのやり方ではグレがまったく釣れずサヨリしか釣ってない。確かにむちゃくちゃいましたし、グレ釣りしててもサヨリが当たってきましたけど、サヨリ釣りしてグレは釣ってないんでね。そのへんかなあ。たぶんサヨリは、2ヒロとかでは食ってこないと思うんですよ。サヨリが2ヒロとかでボコボコ食ってくるって経験ないので、仕掛けがなじむ前の問題だと思うんです。

Bのウキなら G2とG4を打つ

――その時点でやられている。

だから海面から1㍍、もしくは1㍍50㌢を早く沈める仕掛けにすれば、かわしやすいかもしれないですね。サヨリは手前も沖も泳ぎ回るんで距離でかわしたりはあまりできないと思うんですよ。だから素早く仕掛けをなじませる。オモリを2段に打ってハリスを重くするイメージで、もしくは太軸のハリに替えて重くするとか。より沈みが速く、海面から1㍍50㌢を早く突破するように。上でいつまでもおらんようにね。もし、軽い仕掛けでやられてるんだとしたら、同じタナでもBのウキに替えて、Bのオモリ分をちらして打って、G2とG4とかに分けて打ってハリスを重たくして1㍍50㌢を突破すれば同じタナでもサヨリのヒット率は下がるんじゃないかと思いますね。

海面近くを大群で泳ぎ回るサヨリ。食べておいしい魚だが厄介なエサ取りだ

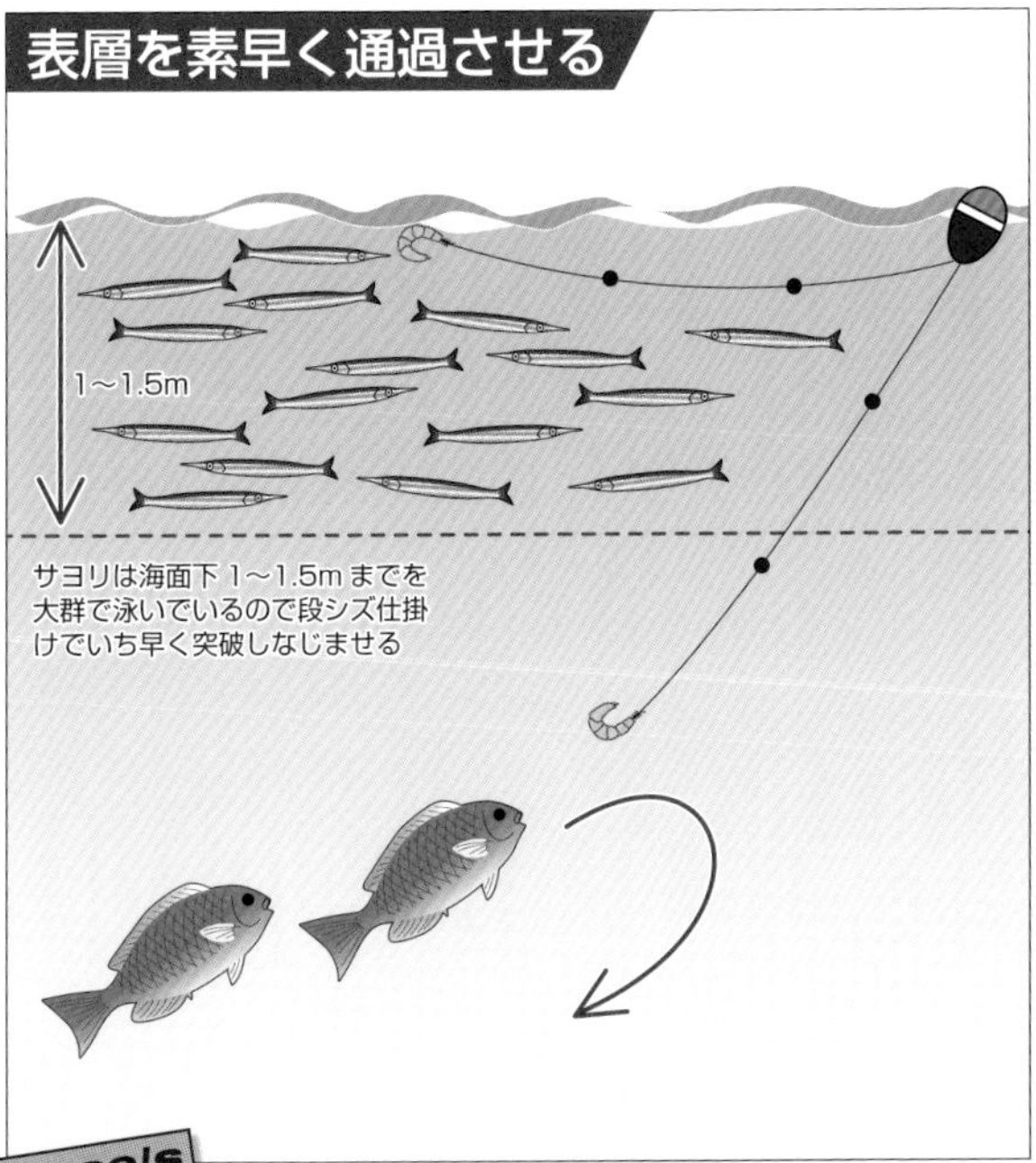
表層を素早く通過させる
1〜1.5m
サヨリは海面下1〜1.5mまでを大群で泳いでいるので段シズ仕掛けでいち早く突破しなじませる

Peace's Advice
サヨリが泳ぐ表層をいち早く通過させること

Q 上がった磯で小サバがわいていたら その釣り場は諦めますか

A よほど広大な渡船エリアでなければ挑戦あるのみ 一点集中したマキエのど真ん中を狙い撃ち

■磯に上がってマキエを打つと小サバがわいていたら、その釣り場は諦めるべきでしょうか。

◎　小サバは手強いですよね（笑）。でも僕はそこでやります。よっぽど広大な渡船エリアでない限り、おそらく違う磯に行っても小サバだらけでしょうからね。

――それではどうやって釣っていきますか。

小サバがわいたときはマキエを撒き分けちゃダメなんですよ。エサ取り用を手前、グレ用を沖にとか撒き分けてもまったく効かない。遊泳力があって足も速いからどっちも小サバでわやくちゃになる。

フカセ釣りでもっとも手強いエサ取りが小サバ。しかしピースは決して諦めない

僕がやるのは自分が釣りやすい距離、投げやすい距離、たとえば竿2本の10《メートル》先とかの一点に絞ってそこにだけマキエを打つんです。当然小サバまみれになるんですけど、グレはエサを撒いたところでしか釣れませんから。たとえば手前に7、沖に3のマキエを打ったとして沖の3も小サバまみれになるのなら、手前の7の方が下に落ちるエサが多い分だけグレが集まる可能性が高いはずなんです。だから撒く場所を1点に絞り10のマキエにして、その中にグレが上がってくることを願いながらど真ん中を釣る。

1〜1.5ヒロの固定段シズで早く立てる

小サバがわくときって水温が高いですよね。グレだけがタナが深いというのは経験上考えられないので、ウキ下を1ヒロとか1ヒロ半の固定にしてハリスにガン玉を3つとか4つとか段打ちにします。要はハリスを重たくして素早く仕掛けがなじんで立つようにする。マキエのど真ん中をそれで勝負するんです。もちろん小サバが掛かりますけど、グレが上がってくるとしたらそれに食ってくる。

ウキの浮力ですが、仕掛けがなじむとゆっくり沈むように調整して、かつデカいボイルを付けるんですよ、LとかLL。半ボイルではなく硬いボイルの方です。さらにグレバリの4号とか。

――大エサに小バリですか。

デカいハリを使う、ちょっとエサをかじったときにハリ先が出てくるので逆に掛かってくる。そこでボイルをちぎらず丸のまま、グレバリの4号とか5号を一番分厚く硬いところに刺すんです。するとそう簡単にハリ先は出てこない。

小サバがボイルをくわえて走ります。ほとんどが横向きに走るので、そーっと引っ張ります。そしたらポロッと口から出ます。合わ

マキエは一点集中し、そのど真ん中をで勝負をかける。サバをかわすのではなく、グレの活性を上げて飛びつかせるのが狙いだ

せちゃダメですよ。ハリ先が出て掛かりますから。そーっと引っ張るとほとんどが取れる。違う魚がくわえる。ウキが横に走る。そーっと引っ張る。そこにマキエを被せる。こうしているうちに少しずつ仕掛けは入っていきますから、グレが上がってくるタイミングと合えば、真下に入っていくアタリが出る。これを合わせるんですね。

一点集中、段シズ、沈んでいく仕掛け、グレバリの4号、ボイル、一番硬いところに刺す、横に走るアタリは合わせず外す、これの繰り返しです。この方法で、小サバまみれの予選会を突破したことが何回もあります、尾鷲《おわせ》（三重県）とかね。

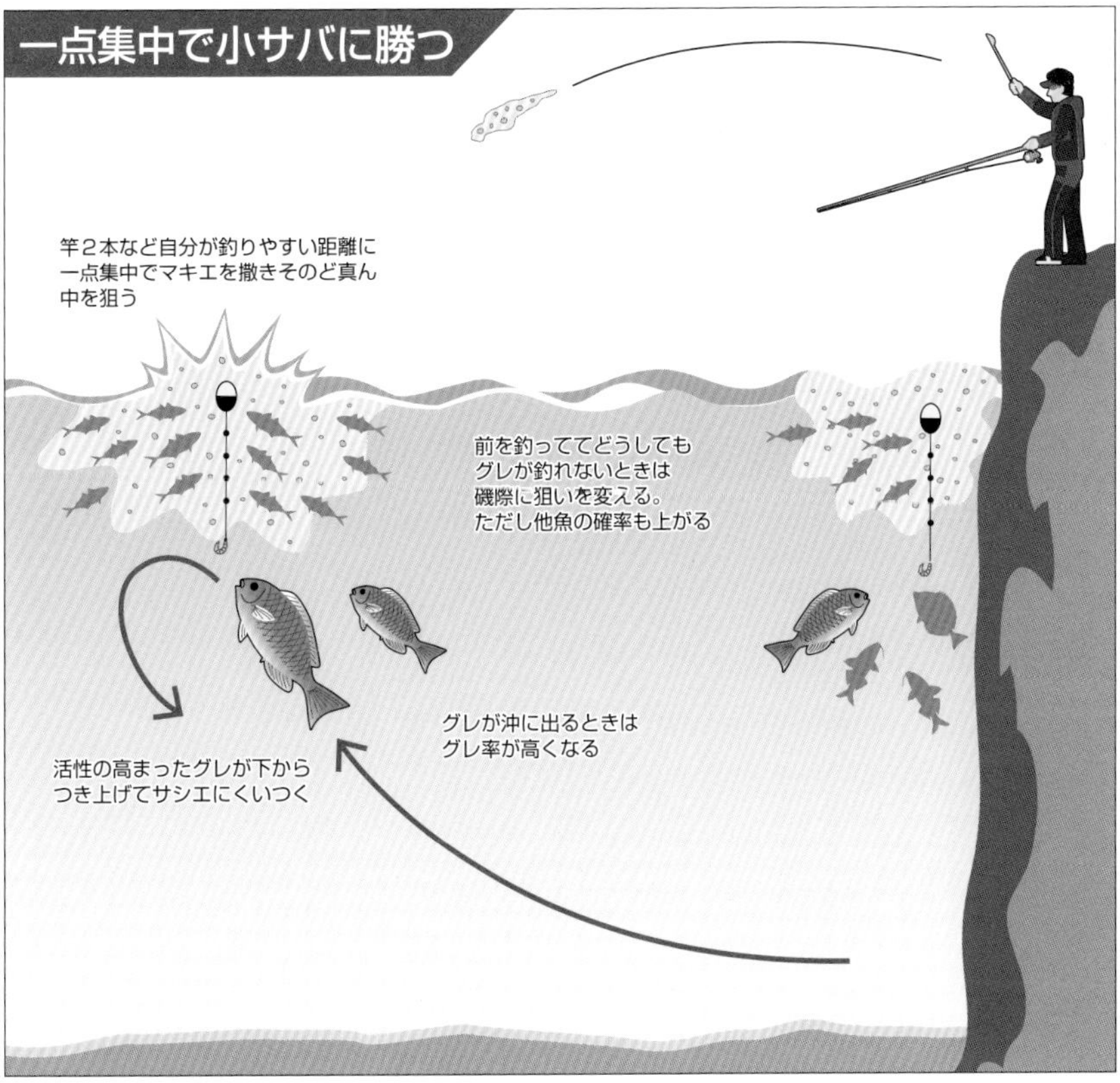
一点集中で小サバに勝つ
竿2本など自分が釣りやすい距離に一点集中でマキエを撒きそのど真ん中を狙う
前を釣っててどうしてもグレが釣れないときは磯際に狙いを変える。ただし他魚の確率も上がる
グレが沖に出るときはグレ率が高くなる
活性の高まったグレが下からつき上げてサシエにくいつく

前がダメなら磯際当たる場所を探る

——それでもグレが釣れないときはどうしますか。

同じやり方で磯際を徹底的に狙います。前をやると360度から小サバがきますが、磯際は180度しかない。岩の方から小サバはきませんからね。これでグレが当たる場所を転々と探していく。左の角、真ん中、右の角とかね。

——いきなり際をやらず最初は前を狙うのはなぜでしょうか。

グレの活性があるときは、前に出てくれるんですよ。磯際は小サバとグレだけでなくてほかの魚もいろいろいるので、そうした魚が先に食ったりして、グレに絞りづらいんですよね。沖の浅いところに出てくるのであればグレ率が上がるので、まずは前を狙う。あくまでも狙いはグレですからね。

Peace's Advice
でっかいボイルオキアミでグレの食い上がりを待つのみ

諦めなければこんな笑顔になれるはず

Q サメがいるときの対処法は？

A 掛けた魚がやられにくい磯際狙いに徹する パワフルな魚がくるのでタックルは太めに

■足摺《あしずり》方面によく行きますが、この時期はサメがいて困ります。なにか対策はありませんか。

◎

実は今日もサメの中を釣ってたんですよ（伊豆半島《いずはんとう》の神子元島《みこもとじま》での釣り）。サメが釣れるときって、基本的にイサギが釣れるはずなんですよ。イサギのシーズンに入ってしばらくして水温が上がってくるとサメが居着く。イサギはサメがいてもちょっとしたタイミングで食ってくる。そのイサギをサメが食いにくる。ほかの魚も食いますが、サメはイサギが好きですよね。今日も同じような状況でした。4人で上がっていて、皆イサギを掛けてはサメに食われ、イサギを掛けてはサメに食われ。僕も最初はそんな感じでした。サメがウロウロするとグレは出てきづらい。グレだけじゃなくてほかの魚も出てこない。サメがいても出てくるのは、イサギとタカベぐらいかな。

そんな中でも僕は10種類ぐらいの魚を釣ったんですよ。イサギ、タカベ、貴重なグレを1尾、イズスミ、タカノハダイ、アオブダイ、オジサン、アイゴ、アカハタ、あと3つぐらい。普通に釣ってたらイサギしか釣れなんです。サメ対策として切り替えた釣りでいろいろ釣れるようになったんですよ。

マイナスウキごと沈め 際をなめるように漂わせる

――どうされましたか。

徹底的な際釣りです。掛けた魚を食ったサメはずっと居着きますから。それにサメはどんどん数が増えてくる。1尾やったんが5尾ぐらいになってるとかね。もうそうなったら釣りにならないじゃないですか。やれることはひとつで徹底的に際をやるしかない。際で掛けた魚はサメも食いづらい。磯にぶつかる恐れもあるし、動きの速い魚なら追い切れないからですね。

――どんな仕掛けで狙いますか。

今日、僕がやってたのはマイナス0とかマイナス00とかのマイナス浮力のウキに替えて、ウキ本体が入るようにした。決して食い込みがいい状態じゃなかったので、ウキはスルスル。それにオモリを足していく。できれば潮を切るのではなくて、ゆっくりと潮に乗って際をなめるようにできるのがベストなんですね。ガチガチのマイナス浮力の仕掛けだと入りますが漂わせるのが難しい。張り付けるっていうよりは際をなめるように潮に乗せたいのでね。ウキを固定にすると簡単なんですが、ウキの抵抗を感じて放してしまうのもいるので、今日はマイナス0とかでウキごと沈めてスルスル状態にして、タナを探っていくのにオモリを足していくといった釣りでしたね。

――どれくらいのオモリを使われましたか。

マイナス0で、いちばん重たいオモリでG2でしたね。サラシの厚みが薄かったので1個で止まりましたから、サルカンのすぐ下に

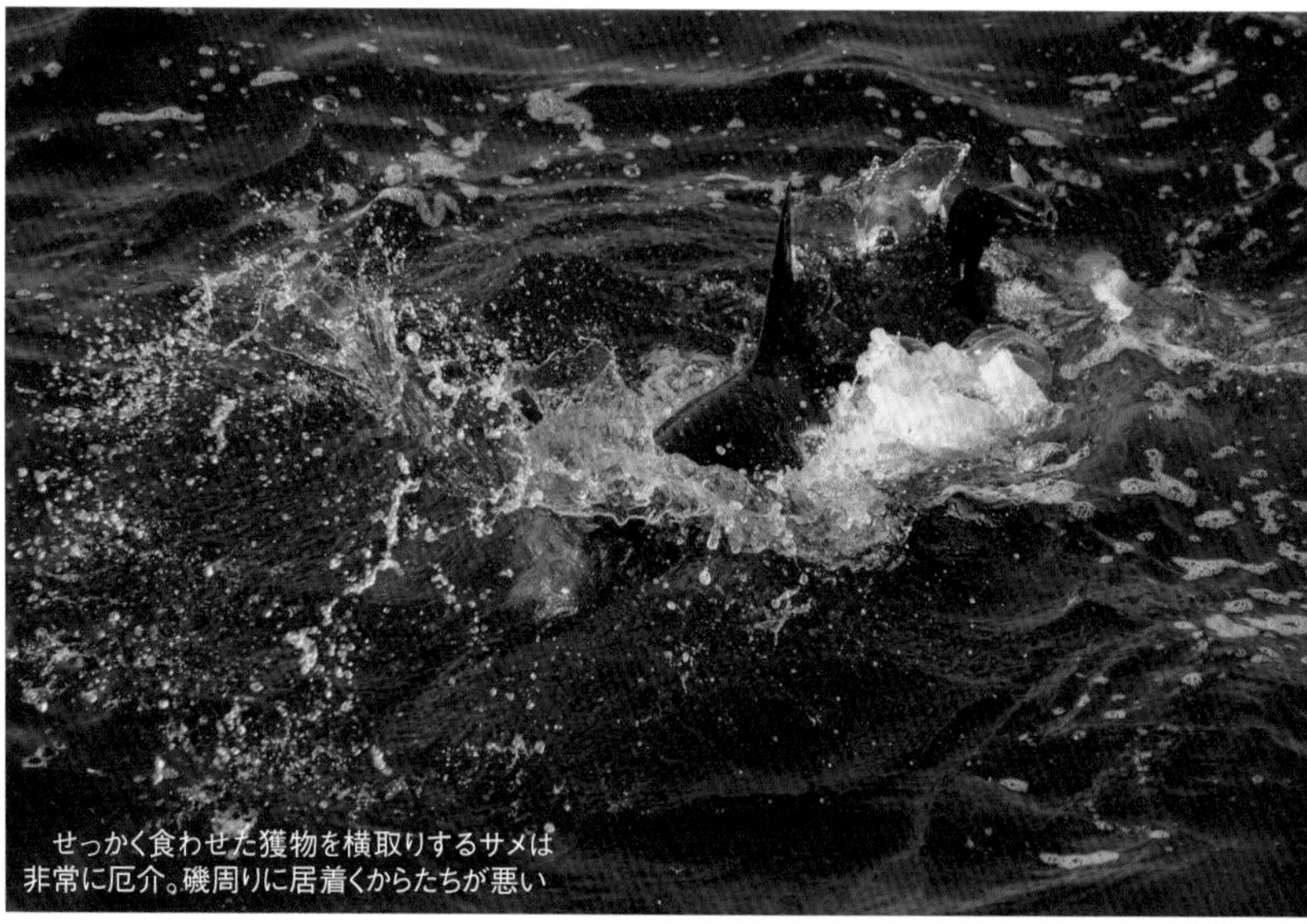
せっかく食わせた獲物を横取りするサメは非常に厄介。磯周りに居着くからたちが悪い

磯際を徹底的になめるように攻めるのが唯一のサメ対策

打ちました。それでハリスはふかせてました。

―ハリスの長さはどれくらいですか。

サメがいるときに食ってくるいい魚ってそんなに深くはないんですよ。水温高いし、際に隠れててスイッチが入ったときに出てきて食うみたいな動きなんでね。これを2ヒロ以上の仕掛けでやってしまうと、深く入りすぎて食ってこない。際って水温の高いときは浅いところにグレがおったりするんでね。それを拾おうと思ったら1ヒロとか1ヒロ半のウキ下で上から探っていく。

サシエを置いて竿を下げハリスを沈めてウキを置く

―仕掛けの入れ方を教えてください。

仕掛けを立てたまま入れたいところにサシエを置いて、竿を下げてハリスを沈めてからウキを置く。ここから先の仕掛けの安定感や沈む速度を調整するのにオモリをG2にしたりG4にしたりG5にしたり。それで徹底的に際を探っていく。グレ連打っていうのは難しいですが、いろいろな魚が食ってくる中で、普通に釣っていたのでは釣れないグレが1尾2尾と拾えるって感じですね。

―サメがいるときのやり取りはいかがですか。

祈ります（笑）。でもね、際で掛けた魚が沖に出ることはあまりないんですよ。ずっと際でのやり取りになるので、それをサメが食いにくることはあまりない。やられるのは10尾掛けて2、3尾じゃないですかね。ただ、際でのやり取りになるのはサメ対策としてはいいんですけど、パワフルな魚が食ってきたときはやり取りでやられる確率も上がるので、いざとなったら止められる太めのタックルを使うことが大切です。サメがいるときは素早く取り込めとかいわれますが、そんな簡単に取り込める魚ばかりが食ってくるわけじゃないですからね。足摺とかだったらパワフルな魚も多いですからね。

―高知の沖ノ島《おきのしま》とか鵜来島《うぐるしま》とかに行かれるときはサメ対策にサメの切り身を持って行かれますか。

売っていれば持っていきます。たまに効くこともありますからね。切り身は海に放り込んでしまうより網に入れて吊しておく方が効くような気がしますね。要はフカセ釣りなんで、切り身を放り込んでしまうと底へ沈んでいくからだと思います。

Peace's Advice

サメの切り身を使うときは網に入れて吊しておくといい

Q 釣れたエサ取りから どう戦略を立てますか

A エサ取り対策は軽くいくか重くいくかの両極端 サンノジ連打なら半ピロから矢引き浅くする

■釣れたエサ取りからどういう情報を得て、どう戦略を立てていくのか教えてください。

◎

エサ取りの種類によってそれなりの対策が別々にあるっていうのは確かで、例えばサバがいるときはこれ、アジがわいたらこれ、木っ葉グレのときはこの方法。そんなハンドブックをいつか作りたいと思ってるんですよ。磯の上で役に立つ。僕もまだ積み重ねているところで、いつか本を出したいんで細かくはいえないんですけど、ひとつだけいえることは、対エサ取りに関してはどっちかはっきりすべきなんですよ。

カワハギは目立つエサに反応しやすい代表的なエサ取り

――というと?

ひとつはサシエを目立たせないこと。僕の中でいうとハリスを細くせずハリを小さくする。これで小さいエサを付けて沈下スピードを抑えるんです。マキエがフワッと落ちてくる中で、ピュンって速く落ちるのがあったら絶対そっちにエサ取りはついてきますから。カワハギ系統は特に。違うエサを食っていても振り向いてそっちについて行きますよ。

それと、サシエが目立つイコールいい魚が釣れるとは到底思えないというのもある。百歩譲って離島だったら別かもしれないですが、近場のみんなが過去何十年と通ってきた釣り場で、昨日も釣り人がいたかもしれない、明日も来るかもしれないとなると、例えばサシエだけがデカいとそれに飛びつくやつが自己記録を更新するような魚なのかということです。そんなんで釣れるのなら、とっくにおらんようになってますからね。

エサ取りをかわす方法としてもうひとつは逆に振って、デカく硬く速くして下に入れてまえと。中途半端な、例えばチモトにG2打つとかB打つとか、そんな小さなオモリでエサ取りをかわせるなら、そんなん使わんでもかわせるんですよ。

僕の場合、やるならとことん。半ボイルとか使わないですもん。ボイル使うときは完全にボイル。ボイルのMとかSとかでなく、できれば2L。なかなかないんでLになりますけど、Lの中にも粒があるでしょ。デカいのを使うんですよ。しかも一番太いところをメインにハリを刺す。尾バネから刺さないですよ。

仕掛けはハリスを短くして、1号のオモリでジャーと下まで連れて行く。例えばウキ下を3ヒロに設定するならハリス50㌢で1号のオモリがあって、あと全部道糸ですよ。それでエサ取りが2ヒロく

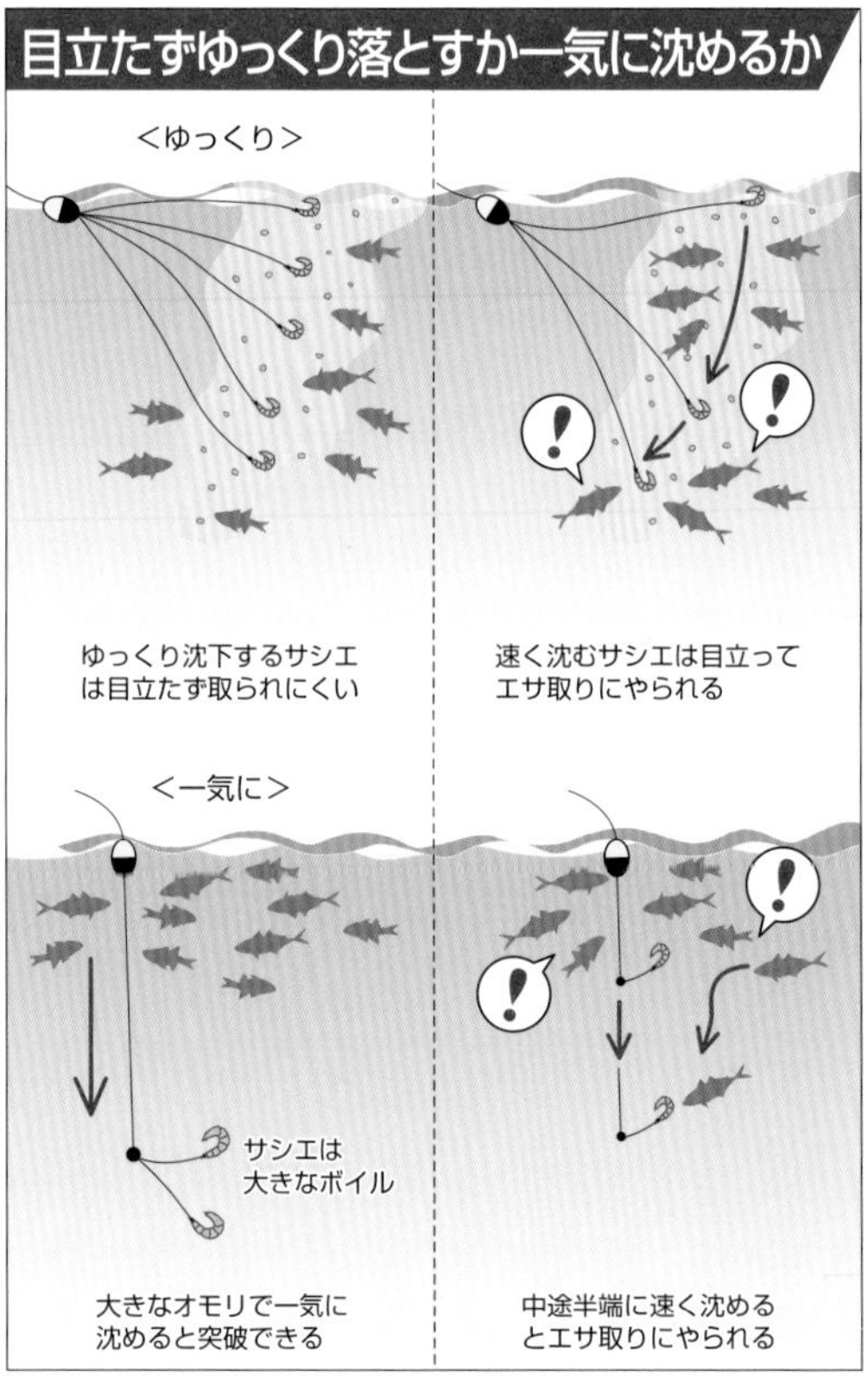
目立たずゆっくり落とすか一気に沈めるか
<ゆっくり>
ゆっくり沈下するサシエは目立たず取られにくい
速く沈むサシエは目立ってエサ取りにやられる
<一気に>
サシエは大きなボイル
大きなオモリで一気に沈めると突破できる
中途半端に速く沈めるとエサ取りにやられる

グレより少し深いタナで食ってくることが多いサンノジ。これが釣れたらウキ下は迷わず浅くする

グレと同じタナにまじって食ってくるので厄介なイズスミ

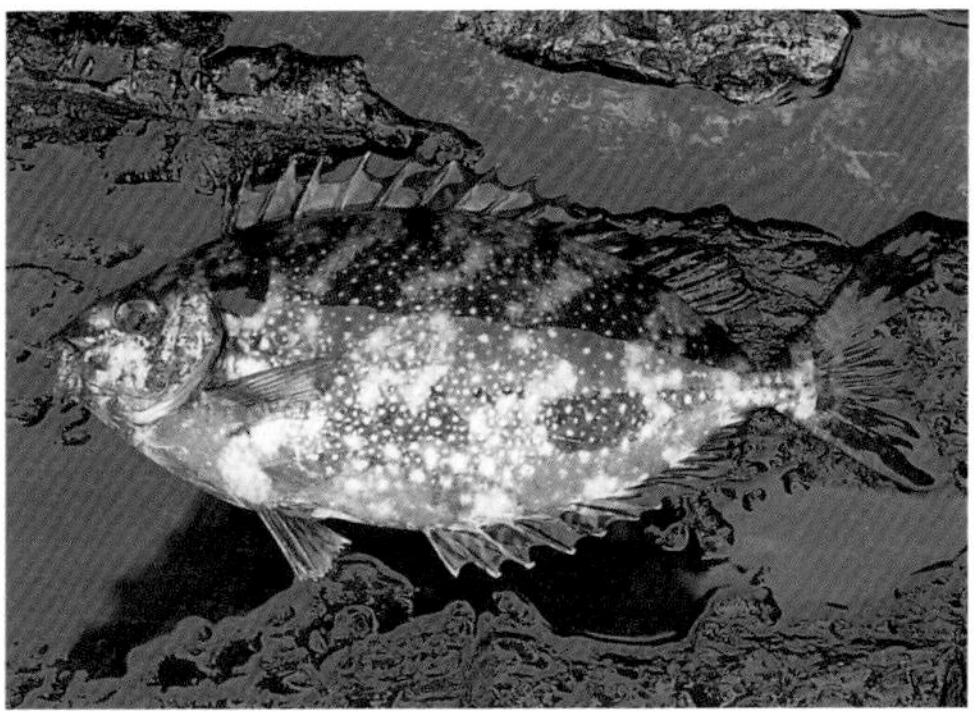
グレよりもやや深めのタナで食ってくるアイゴ

らいだったとしたらそこは突破しますよ。ましてや落ちて行く間につつかれても平気なボイルだったら。落とすという目的は達成できますよね。

目的がエサ取りかわしにすり替わらないよう注意

―要は極端に軽くするか重くデカくしていくか。

そう。ただ、2ヒロとか見えてるところにエサ取りがわいいて、グレが上がってきても逃げないときは1ヒロの固定の仕掛けで段シズバンバン打って、同じとこしかマキエを撒かずにマキエのど真ん中に仕掛けを落とす。もうヒットタイムは5秒くらいしかないですから、5秒でエサを付け替えてもう一回。それを何百回と繰り返す釣りにはなりますけどね。

―エサ取りじゃなく他魚の場合の展開はどうですか。サンノジが釣れたりとか。

サンノジが釣れたらちょっと深い。僕のイメージとしては半ピロから矢引くらいウキ下を上げるかな。サンノジが連打するようだったらですよ。サンノジしかそのタナにいないときもありますけど、基本的にはグレよりも浅くサンノジが釣れるということはあまりないんで。たまにはあっても連打はしませんから。

―イズスミとかどうですか。

イズスミはね、ややこしいですよ。ほぼ一緒にいることが多いんで。ちょっと難しいかなあとは思いますね。へたすればイズスミの方がグレよりも浮いていることがあるから。一概にはいえないですね。

―アイゴとかどうですか。

アイゴもちょっと深いです。いずれにしても根本的にグレ釣りをしてることを忘れないようにしないと、気がついたらスズメダイかわしになってたり、目的がすり替わってしまうことが多いんで。ただサシエを残したいから遠投してるだけ、そこには何もいない、なんてことにはならないように気を付けてほしいですね。

Peace's Advice

サシエは目立たせないか取られにくいかのどちらかで

Q 逆光の向かい風はどう釣りこなす？

A サシエの重みでゆっくり沈むようウキを調整して先打ちマキエの着水点から目を離さず仕掛け投入

■釣り座が逆光で向かい風のとき、ウキがまったく見えませんがどう釣ればいいのでしょうか。

◎ ウキの浮力が命になるので、ウキが見える近くで浮力調整をきっちりします。エサが付いていたら、ぎりぎり沈んでいくくらい。めんどうくさがらずにG8とかで、サシエが付いてるからゆっくり入っていく、付いていなければ浮いているって調整をまずします。

釣りづらい逆光だからこそ食わせた喜びはひときわ大きい

向かい風の見えない中でウキを浮かせていると風の影響を受けて損するばかりなんで、ウキはゆっくり入れていくのですが、入るスピードが速すぎたらアタリが取れないことがある。エサを取っているのはエサ取りやと思われがちですが、グレのこともけっこうあるんでね、グレが捕食するタナよりもサシエが下にいきにくいようなイメージですね。

――仕掛け投入後の操作はいかがですか。

当て潮やったら基本的に張り気味でいいし、下手したらラインを巻いてこないといけないかもしれません。潮が出ていったり横流れで糸がツーツーと出ていくならちょっと弱め加減。穂先から海面までのラインが少したるんでるぐらい。それが張ってきたら、たるむくらいに送ってやる。そんな感じですね。どのみち釣り始めは張り気味でいいと思います。浅いタナにグレが浮いているかもしれないのでね。状況がいいときは浮き気味になりますから。最初から緩めて釣っていたら上の魚をつかまえきれない。

穂先は横に向けるなど見やすいように構える

――ウキ下はどれくらいからスタートですか。

それは季節によるんですけど、暖かい時期なら取っても2ヒロ。1ヒロ半ぐらいからでいいんじゃないでしょうか。アタリはラインを見るようにしています。正面に持ってて見にくいなら横に穂先を向けるとか見やすいように構えるといいですね。

――マキエの撒き方でのアドバイスは？

逆光でウキが見えないので、マキエは先打ちですね。マキエを撒いたところから目を離さないようにしてちょっと広めに3発、4発撒いて、そこに仕掛けを放り込む。バッカンを見ずにマキエをすくって打って、仕掛けを投入して最後の一杯をそこにかぶせる。とにかく目を離さないことですね。

マキエの着水点から目を離さない
逆光でもマキエの着水点はシルエットで分かる。決して目を離さないこと。一度でも目を離すと分からなくなる
サシエを刺し、竿を握る手で持っておく
バッカンは見ずにマキエをすくい3～4発打ち込む
マキエの着水点から目を離さないままそこに仕掛けを投入しカブヤのマキエを打つ
穂先が見えるように横に構えてアタリを待つ

Peace's Advice

グレのタナから入り過ぎないようウキの浮力調整が命ですよ

Q 水温が下がりサシエが取られないときはどこまで深く探る?

A 難しいことを考えず答えが出るまで深くしていく マキエは潮上に薄く広く何度も撒くこと

■水温が下がってきてエサ取りも何もいないときは、どれくらいの深さまでタナを下げていけばいいのでしょうか。

◎

無限ですね、これは。僕が一番深いタナで釣ったのは三重県の古《こ》和浦《わうら》。当時解禁したばっかりの磯で、一夜島《いちゃじま》やったかな、船長に「解禁したとこや」いわれて、どの潮がいいんか、釣り座も分からなくて。水深だけ聞いたんですよ。磯際で22《メートル》って。順番に下げていったかな。で、僕が釣ったのは20《メートル》のタナやったかな。で、口太の45《センチ》オーバーを3つぐらい釣って。ウキ下は竿4本ですよ。

だから、タナが浅いとか深いとかいうのは釣り人の感覚であって、魚にとってはまったく関係のない世界。20《メートル》にもグレはいるし。もっと深いところにもいる。でも釣り人の感覚からすると2ヒロがまあ普通やなと。5ヒロ、深かったなと。でも高知の尾長の世界でいうと、1ヒロは普通やなと。2ヒロは深いなって話になるんですよ。5《メートル》の水深しかない。そこで4・5《メートル》で釣ったら底釣りですよ。

片や20《メートル》の水深で10《メートル》で釣ったら、竿2本でも底釣りじゃなく中層なんですよ。でも浅いところでやってる人からしたら3倍ぐらいの水深になるじゃないですか。だから2ヒロは浅い、3ヒロは普通、4ヒロは深い、この感覚自体が自然の中に生きてる魚にとってはどうでもいい話なんでね。

深く釣るときはマキエとサシエを計算して合わせるのは不可能。マキエを広く撒くことでどこかでサシエがかすめればいいという気持ちで狙う

エサが残らないときにあえて深くすることも

和歌山でロケをしたときに、串《くし》本《もと》大島《おおしま》の樫野《かしの》で10年ぐらい前ですけど、2ヒロ半から3ヒロぐらいでサシエは取られるのに何も釣れない。相当頑張ったんですけど結果が出ずに、もう半ばやけくそになって5ヒロぐらいを釣ったんです。そしたら口太がバンバンと釣れたんですよ。

――エサは取られるのに深くした?

はい。だからそのときに、うわっ、俺間違ってたと思ったんですね。低水温に強い魚がいる。それがエサを取るからそういう日は勘違いするんですよね。このタナでサシエを取るからグレは浅いんじゃないかと。でも実際グレが釣れたのは5ヒロとかだから。

サシエが取られなかったら深くしていくというのはすごく分かりやすいですけど、サシエが取られまくってるけどグレは深いところにおるという。

だからタナは自由やから、釣れてないうちはどんどん変えろと。釣り人の常識なんて自然界には当てはまらないんで、どんどん変えろと。シンプルな話、釣れたら正解やから。僕は何回もそんな目に遭って、あれっあれって思いながらやってきたんで。

――それだけ深いとマキエと合うもんですか。

合ってませんよ、そんなん。僕は4ヒロ以上になったら当てもんやっていってますけど。だからせめて、固めて撒くんじゃなくて、超深釣りをするときはバラバラッ、バラバラッてめちゃくちゃ広範囲に撒いて、どっかでかすめろっていう感じですね。

Peace's Advice

釣り人の常識や当たり前は魚にとっては関係ない

Q 肘で竿を受けるコツと肘ダメ、腰ダメの利点を教えてください

A 魚のサイズに合わせて片手→両手→腰ダメに移行 肘当てがしっくりこなければ家で練習してほしい

■平和さんは魚を掛けたときに肘に竿尻を当ててためをつくっておられますが、肘で竿を受けるコツを教えてください。また、肘ダメと腰ダメ、それぞれの利点についてもお願いします。

◎

僕の場合、魚がデカいと判断したら肘ダメから腰ダメに変えるんですね。いちばん多いのは、僕は左手で竿を持つので、左手だけで合わせて、それでいける魚なら左手一本でいくし、あかんと思った瞬間に右手でグリップエンド、竿尻を持つ。両手で竿を持って突き出すとのされないんですね、基本的に。腕を伸ばすことで竿を長く使える。高く掲げることもできるし、横に振っても腕が伸びてる分だけ長さが取れる。釣り竿の長さプラス腕の長さなので長く広く広角に使える。それでもきついやつに関しては、そこから腰ダメに移行する。

全部、魚の大きさで判断しているんです。左手一本でやれるときは、細かい動きについていきやすいのでね。右手で身体のバランスを取りながら左手一本でやり取りすると細かい動きについていける。両手でやり取りするとなると身体の角度が決まってしまうので、片手のようにはいかない。それでも魚がデカければそうせざるを得ない。腰ダメに移行するときは、もうこれは長期戦だしヤバいなってときですね。

デカい魚が相手なら 片腕アワセはしない

――細かい作業よりも竿の限界で耐えるしかない。

もう竿をのされないことと、いつとんでもないトルクで走られるかもしれないという覚悟ですね。これはもう長期戦になるぞと。自分自身もうまくスタミナ分配しながらやるぞというファイトですね。

――基本的に竿を構えるときは片手で合わせられる体勢ですか。

口太やチヌを狙うときはそうですね。マダイ狙いに行ってるとか、ヒラマサ狙ってるとか、尾長狙っているとか、ターゲットがあらかじめデカい、強いって分かってるときは、基本的に片腕アワセはしないんでね。

――あらかじめ竿尻を下腹に当てている？

竿を身体に近いところで構えますね。合わせたらすぐに右手で竿尻が握れる、あるいは身体に当てられるようにしています。片手でブワンみたいなアワセはしないようにしていますね。今日はデカいのを狙うんだ、掛かったらデカいんだって思ってるからですね。片手だとどう頑張っても、どう筋トレしても5《メートル》の竿の長さがあるとのされるからですよ。これは人間の身体のつくりだと思います。肘はてこの原理でのびてしまいますから。だから、デカいのを狙うときは身体の近くに竿を構えて引きつけるようなアワセですね。

ターゲットのデカさや強さに応じたやり取りを身につけることでチャンスを逃さない

身体から竿が離れるほど細かいことができるしすごく使いやすいんですけど、のされやすさも大きくなる。身体に近くなると竿の角度なんかは変えづらくなりますが身体と竿が一体化しますからね。そこをうまく使い分けられるようになってほしいですね。

手首が曲がった状態で 力が入る練習をする

――竿尻を肘に当てるときの注意

点はありますか。

どうなんでしょう!? 昔、若いころは何尾か釣ると疲労からか肘から竿尻がプンって滑って外れることがありました。昔は竿尻が滑りやすい竿もありましたしね。グリップまでつるつるになっていて、あれは着てる服との相性もあって滑ることがありましたが、いまのやつはほとんどラバーコーティングしているか、グリップはグリップで高級品だと生ゴムを使っていたりして、滑りにくくなってるので、その分は腕にきまりやすいんじゃないですかね。

――構えるときにきっちり肘に当てておく以外、気にしていることはありませんか。

竿を持って肘に当てるとしたら手首が曲がっているじゃないですか。その形に慣れていないと力が入らないので練習することですね。ぼくは竿を右手から左手に持ち替えたんですが、そのころは家で片手で持つ練習していたし公園で素振りもしていた(笑)。尾長をチャレンジし始めたころはシマノにいってグリップ周りだけ作ってもらってリールをくっつけて練習もしましたしね。だから肘から竿尻が外れやすい人は、夜にテレビを見ながらでも竿を持って片手で振っていればしっくりくるんじゃないですかね。それは誰でもできることでしょう(笑)。

Peace's Advice

デカい相手には操作性より しっかり力が入る腰ダメで勝負

口太グレやチヌ狙いでは右手でバランスを取る片手のやり取りが主流。自由度が高く細かい操作が可能だ

片手では耐えきれなければ右手で竿尻を握り両手でやり取り。竿をのされにくく腕を突き出すことで広角に竿が使える

デカくて強い相手には竿尻を下腹に当てた"腰ダメ"。竿操作の自由度はないが力が入るのでのされにくく長時間のファイトに耐えられる

Q 磯際の狙い方を教えてください

A 余浮力の小さな小粒のウキにG5やG6の段打ち サシエから順に入れて磯際に沿わせる

■磯際にはわせて釣るイメージがわきません。重いオモリを付けると確かにはわせられると思いますが、仕掛けが立つし根掛かりが恐い。軽くすると流れていってポイントが狙えない。どうすればいいですね。

◎磯際の釣りですね。潮とか水深とか地形によって仕掛けは変わりますけど、僕がいちばんよく使うウキは0とか00の小さいウキ。デュエルでいう「感度」っていうウキですね。

―小さいウキを使うのはなぜですか。

ポイントが近いので、わざわざデカいウキを使う必要がないというのがひとつと、デカいウキを使うとサラシに負けやすいのと、入れた（沈めていった）ときの感度が落ちる。だから感度の0とか00を使って、小さいオモリを段打ちしますね。

―どれくらいのサイズのオモリですか。

いちばんよく使うのはG5、G6ぐらいですね。仕掛けはだいたいウキ下2ヒロの完全固定にして、状況によってG5を2つとか3つとか、どんどん数打っていくんですけど。サラシが大きければ数打つし、そうではなくて凪なら1個か2個でいい。

―たくさん打つときってどれくらい打ちますか。

どうでしょう。激しいときは5つとか6つとかじゃないですかね。潮が前に出るとかサラシで前に出るとか、オモリを打たないと際から離れてしまうようなときですね。

―小さいオモリがいいのですか。たとえば2Bとか3Bとかはダメなんでしょうか。

磯際だから仕掛けは立った方がいいんです。磯際狙いではどれだけ磯際の形状に沿うかなんで、オモリは絶対にいるんですが、でっかいオモリだと微調整しづらいんですよ。デカいオモリだと入り過ぎたり浮きすぎたり。小さいオモリで調整する方がやりやすい。際ではわせるといっても沈んでいくオキアミのスピードに合わせるとか、たとえばオーバーハングしている場所なんかだと中に入る潮に合わせるとかね。大きなオモリだと中に入る潮に乗せにくいですからね。

オーバーハングしたところでウキが磯際にあっても、デカいオモリだと下の仕掛けが入らない。小さいオモリで潮に乗って入れば食うとかね。

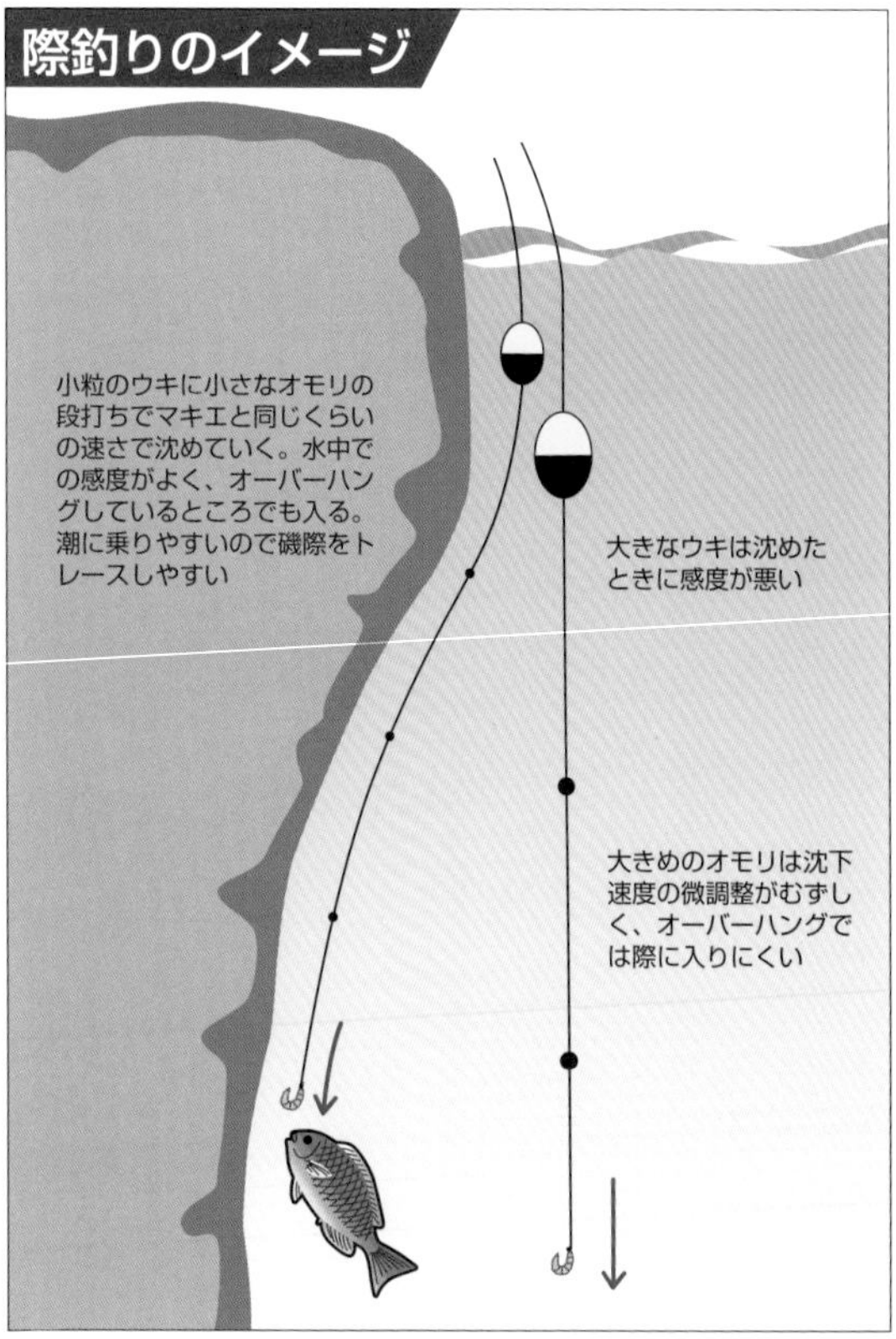

際釣りのイメージ
小粒のウキに小さなオモリの段打ちでマキエと同じくらいの速さで沈めていく。水中での感度がよく、オーバーハングしているところでも入る。潮に乗りやすいので磯際をトレースしやすい
大きなウキは沈めたときに感度が悪い
大きめのオモリは沈下速度の微調整がむずしく、オーバーハングでは際に入りにくい

マキエの沈下に合わせウキごと沈めていく

―釣り方の基本はマキエと同じくらいのスピードで沈めていくのですか。

それがベストですけど、サラシが大きくて際に沿わせるのが精一杯というときもありますけどね。

―ほかに際を狙うときに大事なことはありますか。

いちばん大事なのは仕掛けの入

ウキではなくサシエが磯際に沿うようにイメージする

れ方ですね。たとえばちょっと前に投げてウキが際にあるように張るとかはよくない。やはりサシエから順番にズボ釣りのように真っ直ぐ落としていく。要は磯際にウキではなくサシエがないと意味がないのでね。サシエから順番に入れていって最後にウキを置く。特にウキを落とす場所を気を付けて。

僕はだいたい2ヒロの固定でやるのでオモリの量と張り加減でタナを決める感じですね。ウキが見えないところまで入れていくなら、道糸に目印を付けて、目印でどれくらい入っているかを見る。3ヒロのところに付けて、その目印が上にあるとか下にあるとかちょうど海面にあるのかといった具合ですね。

Peace's Advice

デカいウキは感度が悪いし オーバーハングは攻めにくい

ピースが際釣りで多用するTGピースマスター感度。磯壁をトレースしやすく手元に伝わる感度も抜群

オーバーハングの下には型のいいグレが潜む。うまく狙うことができればご覧のとおり

Q 春先の釣行で気をつけることは？

A タナの上下が激しいからウキ下は大きく変える 釣行先の自然のサインを船頭に聞いておくといいね

■春先の釣行で一番気を使っているのはどこですか。釣り方でも、持ち物でもいいので教えてください。

◎

たいていの場合は寒の時期の釣りになるのか、水温が上がってきたときの釣りになるので、タナの上下は激しくなるかもしれませんね。いつも以上にウキ下だけは大きく変えていく気持ちは持っていた方がいいですね。

――水温の変動が激しいということですか。

夏の終わりからの秋のようにグレの適水温の上からだらだらと下がってくるときは、急にエサを取らないとかはあんまりない。ただ、適水温の下から上がってくるときなんで、上がっていなければ全然グレは動かないし、ちょっと上がればめっちゃ動くし。グレが動くか動かないかといった水温の下限値をいったりきたりするからです。

それと場所によっては雪代が入ることもあるので、そんな場所は天気がよければよいほど雪溶けの水が入って水温が下がる。地上のポカポカ陽気にだまされないように寒の釣りでいかなければいけない。それくらいじゃないですかね、頭の中においておくのは。

僕らのところだと道路に毛虫がはってれば釣れる

――そうした釣りに行くエリアの特徴を知っておくことは大切ですね。

多分、ほとんどの人が行く先って2、3カ所に絞られていると思うんです。僕らみたいにあっちこっちに遠征とかはなくて釣り場が限られているはずなんでね、そのエリアの自然のサインを知っておくといいですね。

僕らのところだと釣りに行くときに道路に毛虫がはっていたらめっちゃ釣れるとかね、あるんですよ。虫とか、花とか、動物の方が季節感が正しいんですよね。季節が一カ月遅れてるっていわれてても毛虫がはってたら間違いないんですよ、舞鶴《まいづる》（京都）では。桜が咲いてなくても大丈夫なんです。

そういう地元の船長とか漁師さんしか知らない季節を読み取るキーワードがあるので、それは仲良くなれば教えてくれますからね。だから普段から、いろんな話をしておくといいですよ。

そのエリアに伝わる季節を読み取るキーワードを知れば釣果は伸びるはず

Peace's Advice

毛虫がはっていればチャンスとか生き物の動きに注意しよう

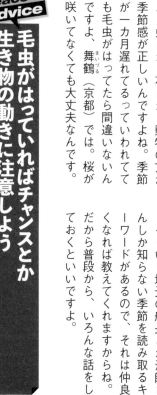

Q 澄み潮でエサをまったく取られないときの対処法は?

A 替わる場所があるなら迷わず移動 なければ溝の中を釣るしかないです

■潮がものすごく澄んでいて底が丸見え。エサも取られなくなってしまいました。こういう場合の対処法を教えてください。

◎

それは無理です（笑）。僕も何度もそういう目に遭ってますけど、特に春先というか、3月4月とかに遭うんですよね、そんな澄み潮。港の中でも底が丸見えで、磯からも普段見たことがないような底の岩が見えたりね。まあ、釣れませんね。それはきついです。澄み潮に遭遇して3日間でガシラ1尾も釣れなかったなんて経験もあります。

——それは魚がいないのでしょうか。

たぶん動けないんでしょうね。釣果を得る可能性がもしあるとしたら、徹底的に磯際やシモリの際もしくは溝みたいなところでサシエを吊って待ってるぐらいでしょうね。

——ウキ下を決めて溝の中にきっちりサシエを入れる?

溝の中を釣るってことです。それでもきついと思います。

潮が当たってくるなら若干濁るところもある

——澄み潮というのはエリア全体がそうなってると考えていいのでしょうか。

そうでしょうね。

——ということは少々磯替わりをしても難しい?

ただね、潮がけっこう当たったりするところでは、若干濁っているところがありますよ。だから、そういった場所があって替われる状況なら迷わず替わった方がいいと思います。雨が降ったあとみたいな水濁りはよくないですけど、ぼんやり濁っているようなところはいいと思います。澄み潮が一番ダメなんでね。澄み潮を避けたい。でもね、そんな日に当たってしまうのも釣りなんでね。海を許してやってくれと思います（笑）。

Peace's Advice

一番ダメなシチュエーション ボーズ覚悟で粘るしかない

海面を見て色が濃くなっている部分が深いところ。澄み潮時は、筋状に色が濃くなって見える溝の中や磯際などをじっくりと狙うしかない

Q 大雨のあと海が濁ったときの注意点は？

A 二枚潮で上潮が滑ることは避けられないから大きめのウキを沈めてマキエは潮上に広く撒く

■前日の大雨で、海に濁りがあるときの釣り方の注意点を教えてください。

◎

グレ釣りに関してはいい方に左右するときと、そうでないときがはっきりするんでね。たまにあるんですよ、大シケの湾内ででかいグレがボコボコ釣れるみたいな。ただし基本的にグレに真水はあんまりよくないんですけど、水潮って真水が入ることですから。

対策として気にしないといけないのは、水潮が入るとほぼ高確率で、まず間違いなく二枚潮になる。そこが一番ネックになるんじゃないですかね。とんでもない嵐じゃない限り、上が水潮、途中から下がちゃんとしたきれいな海になってるはずなんです。そこの境目までは塩分濃度も違う。基本的には絶対に上の方が滑るはずなんですよ。水潮になったときに上の方が動いていなくて下が動いてるなんてことは、まず僕は経験したことがないですから。だから二枚潮になって、下は動いてなくても上がぐわーと動いてる。それに仕掛けを乗せちゃダメということです。

だから水潮のときは上と下の潮は違うはずだと、たいていの場合は上の方が滑ってってそこにいい魚は上がってこないぞという頭を持って、下を見ようとすることが大事ですね。基本的には仕掛けを沈めるしかないのですが、できれば普段使っているより大きめのウキを沈めることで、下の潮に入ったときのキープ力が上がりますからね。表面積がある重ためのウキが入ってくれると、そこでとどまる力が大きくなりますから。

軽い仕掛けで沈めていって下の潮にうまく入ったとしてもですよ、上の流れが強すぎると勝てませんから。だから水潮で苦戦してるのであれば、できればいつもよりフィルムが大きめのウキを下の潮に入れる努力をする。上の速い流れのところは道糸だけにして極力抵抗を受けないようにすることです。

マキエは潮上に超広範囲に広く薄く撒くと。どっかでサシエと重なってくれっていうやり方ですね。当てもんになるんですね。ウキの周りにポンポンポンて撒いたところで、おそらくうまく合わないので。遠投できなくなりますけど、ウキよりも潮上にかなり広範囲にバラケ撒きを。薄く広く撒いてどっかで当たるはずやという感覚で当てにいきますけどね。

――ウキを沈めるということと、潮上に広範囲にマキエを撒くことが大事なんですね。

どのみち苦戦するはずなんでね。普段の海じゃない状態で爆釣って、まあ大シケでチヌが爆釣ってありますけど、グレは僕も本当にごく少ない経験しかないですよ。

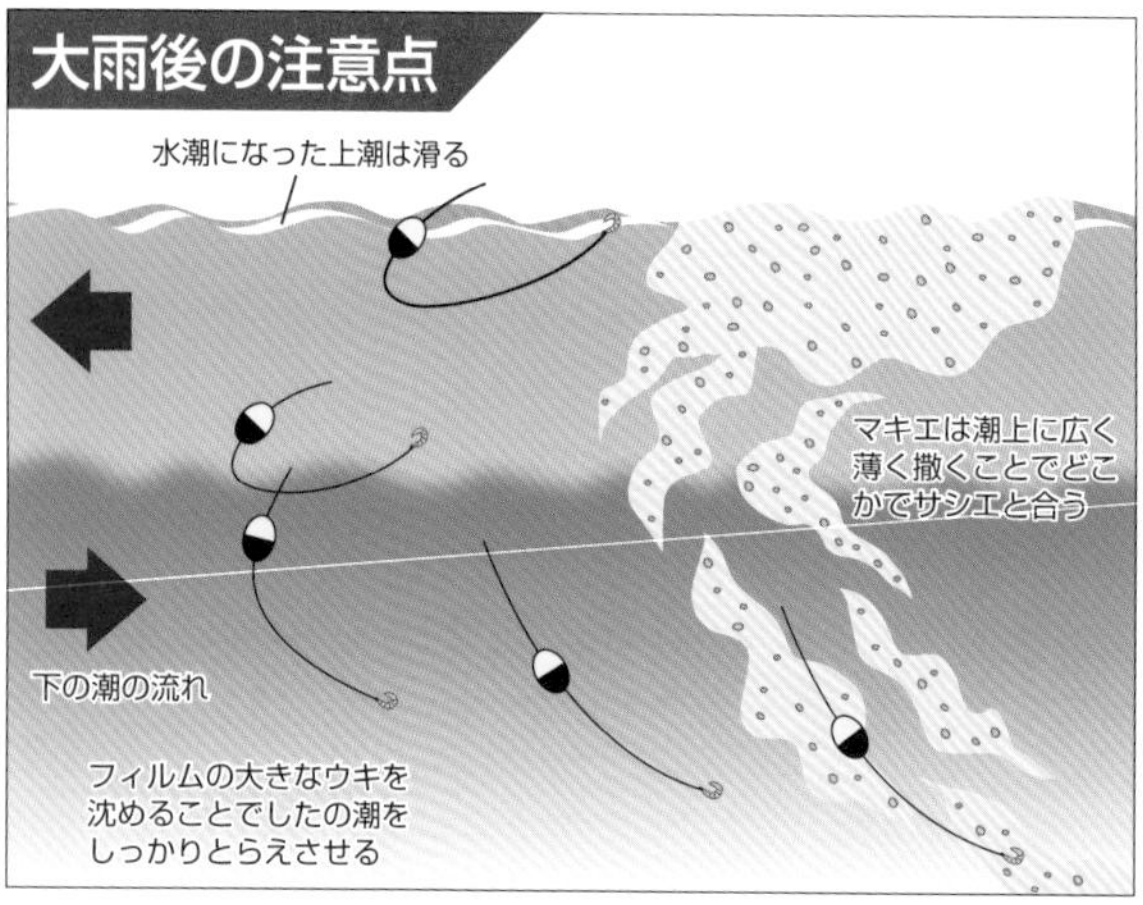

大雨後の注意点
水潮になった上潮は滑る
マキエは潮上に広く薄く撒くことでどこかでサシエと合う
下の潮の流れ
フィルムの大きなウキを沈めることでしたの潮をしっかりとらえさせる

大雨のあとは表層の水潮が上滑りして二枚潮になる。仕掛けを沈めて下の潮をとらえることを心がけよう

Peace's Advice

どのみち苦戦は避けられないから二枚潮対策は忘れずに

Q グレボーズを予感させる悪条件下の最終手段は？

A 季節を問わず釣れないときは根際磯際 地形に沿わせるように上のタナから探る

■釣行回数がすごく多いと思われますが、よいときばかりではなくグレボーズかもと感じる悪条件のときも多々あると思います。そんなときの「これでグレが釣れないなら!!」って感じの最終手段みたいな作戦はありますか。

◎

僕の心の中に思いとどめている言葉が「釣れないときは根際磯際」なんですよ。寒の時期であれ夏であれね。エサが取られないような低活性のときも、いい魚が釣れない高活性の水温のときも含めて、困ったらやっぱり根際磯際。結局そういうところに居着いている、入り込んでる魚たちなんでね。それが出てこられない状況なのか、サシエを届けられない状況なのかなんで、そこに集中するしかない。

ずんずん沖へやって深いタナを釣る人もいますけど、僕も以前はやってましたけど、それで厳しいときにいいグレが釣れたことはないですね。ただたんに、イメージ的に近くにいなくて遠くの深いところにグレがいそうな気がするだけなんですよ。そんなところにおらんですね。僕らの知らない深いところに瀬があったりするなら話は別ですけどね。そうじゃなくて何もない深い広い海の底よりは絶対磯際なんですよ、グレは。だから迷うことはないんですよ。僕の場合は磯際、根際、見えてる瀬があれば右、左、向こう側、手前側って順番にやっていきますけど。もうそこしかないですからね。そこがダメなら足元の磯際をどれだけ引っ付けられるかですよ。もう仕掛けなんてね、どうでもいい。引っ付けられれば。

――磯際をはわせるくらいですか。

ズボ釣りみたいなこともいっぱいありますからね。00のウキにG5を4つとか、Bのウキで釣ってるのなら、そのままもう一個Bを打つとかですね。サシエを磯際で落ち着ける。オーバーハングしているのが分かっているならハリスをふわふわさせた方が入っていきやす。入り込む潮があればね。

とにかくどれだけていねいに地形に添わせて仕掛けを入れていけるかですね。入れ過ぎ厳禁なんで、上からゆっくり入れていくことも大事です。厳しいからといって深くにいるとは限らないのでね。地形を追えと。

――釣り座は移動するのですか、それとも一カ所でねばるのですか。

見た目に地形がだらだらしているところではなく、切り立っているところとかオーバーハングしているところが可能性がある。そこで食わなければ、ほかでは食わんやろってところを狙います。

潮でいえば、離れたところにシモリがあれば潮が当たる面を釣るんですけど、そこで食わなければ潮を嫌っている可能性があるので、普段はやらない潮の当たらない裏側、真後ろを狙います。その裏もちゃんと際を沿うような釣りをすると。それがすべてじゃないですかね。僕は徹底的に根際磯際をやって拾っていることが多いですね。

グレは元々根に付く魚だから、活性がすこぶる低いときはグレのすみかを徹底的に狙うべき

Peace's Advice

切り立ったところで食わなければ普段はやらないところに挑戦

際を徹底的にトレース

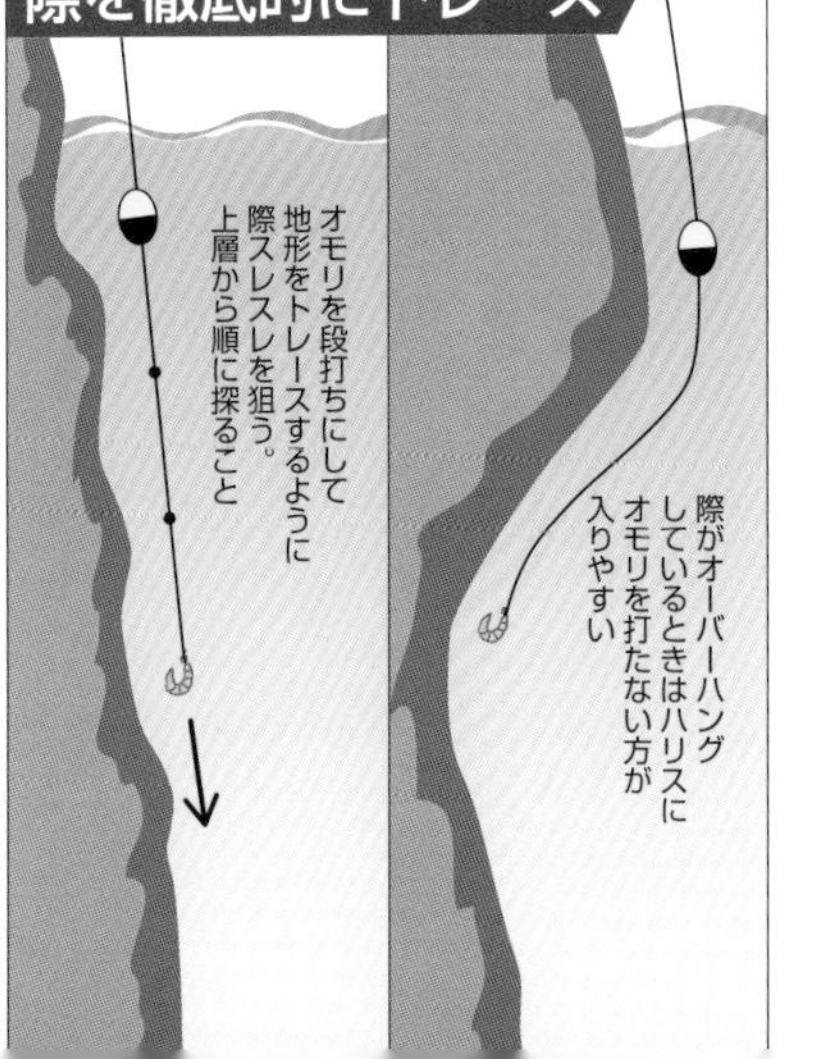
オモリを段打ちにして地形をトレースするように際スレスレを狙う。上層から順に探ること
際がオーバーハングしているときはハリスにオモリを打たない方が入りやすい

サイン秘話・ COLUMN 4

各本命に露出が増えるを姿を見て いろいろ考えてくれた会社の先輩に感謝

初めて福井グレトーナメントに出て準優勝して、翌年も準優勝したことで、「あいつはまぐれじゃないぞ」って認めてもらえて、その後マルキユーのM1カップやシマノのジャパンカップの全国にいったり、釣りビジョンで番組を持たせてもらったり、雑誌なんかにも取り上げてもらえるようになったりして、いろんなところに露出することが増えていったんですね。

仕事では製造部から技術開発部に異動になって、白衣着て顕微鏡見てデータを取るようになったんですが、僕を引き抜いてくれた先輩から、「お前もいろいろ活躍しているんやからサインを考えなあかんやろ」っていわれたんですよ。いやいや、僕のサインってどうなんでしょうとかいってたら、その先輩がね、いろいろ考えてくれて。それでできたのがあのサインなんですよ。本当先輩には感謝ですね。

会社勤めをしていてよかった

その先輩はぜんぜん釣りをしなかったんですけどね、「お前はおもろいからなんかやるやろう」と、仕事でも釣りについても応援してくれて。いまでは僕のボートに釣りにきてくれますよ。

社会人になって海釣りに誘ってもらって、そこから釣りの世界が広がっていったわけですが、サラリーマンの経験をしとってよかったなと思います。13年間会社に勤めて、組織の中で生きてきていろんなことを教えてもらった。釣りは関係ないけど、一人の男として生きていく上では、日本ていう国の常識とか学べたことは大きかったですね。

OTHERS part 5

プラスα編

釣り始めに必ず海に向かって一礼することや、トップトーナメンターになるための取り組み、夏場の暑さ対策など、釣りに対する姿勢や考え、より快適に釣るためのコツを明かしてもらおう。

Q グレの魅力をどこに感じますか

A 打てば響く反応の早さが一番の魅力 やれることが無限大にある魚かな

■数ある対象魚の中で、どういったところにグレの魅力を感じるのでしょうか。

◎やっぱりあれですかね。ほかの対象魚よりも、打てば響くからじゃないですかね。グレ自体が、通常であればチヌとかマダイとかに比べるとエサに対する反応が強くて、場所にもよりますけど、あんだけ数多くが浅いタナに浮いてきてマキエを拾う魚ってない。

場所によってはチヌでも浮きますけど、全国的に考えるとマキエを撒いているうちにどんどん浮いてきて、見えるところで乱舞するのかってことですよね。グレはそういう性質がありますよね。

そもそも反応が遅い魚だったらゲーム性もないでしょうし、ひたすら下の方で待ってるような世界になってくるでしょうしね。やっぱりアップテンポな釣りが可能な魚なんですね。これをやったらすぐ釣れた、これをやったらまた釣れたって腕が響くことも多いし、でもややこしいときがやってくるし。深いとこでどんと食ってきたりもするし。際だったり、いきなり沖の潮目だったり、展開早かったのが急にスローになるし。やれることが無限大にあるというところかな。

僕のスタイルも昔と比べたら、重きを置いてるところが変わってきてますもんね。前はもっと浅いタナで手返しを早くして数拾うぞって釣り。それは日本海でトーナメントを夢見てたってこともあったんでね。いまは全国を回って、アジアも回ってフカセ釣りをやってるとそういう考え方じゃなくってきて、その日の海の様子見ながらしっかり合わせて、深いときもあるぞ、浅いときもあるぞ、千差万別なんで。だから得意なスタイルもあんまりないし、型にはめられないことは百も承知なんで、ほかの魚と違う変わりようというか早さというかね。

難しいだけじゃないから 数ある釣りの中で流行る

――マキエに対する反応ですかね。

そうですね。同じエサを撒いて釣る中で、大きさをいわなければ数釣れるジャンルですよね。グレ釣りに行って極寒のとき以外、グレボーズって確率低いと思うんですよ。木っ葉は釣れるしね、サイズを言わなければですよ、魚として。難しいだけだったら、こんなに長い間、日本で数ある釣りの中で、こんなに流行ってこなかっただろうと思うし。グレを釣ることはそんなに難しいことじゃないと思うんでね。

仕掛けを替えたり攻め方を変えたり、釣り人ができることが無限にあり、それに対して反応が早いのがグレの魅力

Peace's Advice

マキエで浅く浮かせられて アップテンポな釣りが楽しい

Q 釣り始めに海に向かって挨拶をするのはなぜですか

A 中学高校時代の野球部での挨拶からきた教え 海への感謝とお詫びとお邪魔しますの気持ちです

■釣り番組を見ていると、平和さんはいつも釣り始める前に、海に向かって挨拶をされています。すごくいいなと思います。どういういきさつでいつから挨拶をされているのでしょうか。

◎

元々普段の釣りをしていたときから挨拶をしていたんですよ。それを番組でやったら「いいですね、それを使いましょう!」ってなってね。これは野球からきてるんですね。中学高校のときはね、グラウンドにまず挨拶。「お願いします」と挨拶をするまでは足を踏み入れるなと。グラウンドは聖地だぞと。だから汚したまま帰るんじゃない、トンボでならして帰るんだと。練習場はもちろんですが、球場なんかはもっとでしたから。帽子取って頭下げて入る。終わったときも帽子取って頭を下げてありがとうございましたと。その前にグラウンドはスパイクで汚れて崩れるのできれいにならして、次の人が気持ちよくできるようにね。それが当たり前。いいことを教えてもらってたんだなと改めて思います。

海行ったらね、釣り人は、言葉は悪いですけど泥棒ですから。海が育ててくれてる、海でお互いが食べてる、違う種族を食べたりしている、そんな環境の中で育った魚を、ひょこっといって釣って、こいつはうまいとか、こいつはまずいとかね、痩せとるとかいうわけですね。農家さんは1年かけてね、土から作って種まいて育てて、雨の日も風の日も日照りが続いても心配して見に行ってようやく収穫じゃないですか。釣り人はその収穫だけをしている。だから感謝の気持ちぐらいはあってしかるべきって思いがあったんですね。それで自然にお願いしますってなったんですね。裏を返せば「いただきます」なんですけどね(笑)。

凛とした朝の海へ一礼と挨拶からスタート。見ている方も気持ちよくなれる

一日遊ばしてもらうのにゴミはせえへんやろうと

そういう気持ちでいると汚すなって思う。汚したら掃除せえと、それが当たり前なんですね。海の幸をもらいにきて一日遊ばしてもらうので、そんなとこにゴミはせえへんやろと。お願いします! ありがとうございます! ってなる。魚をハリに掛けてキズ付ける遊びなんでね。逃したやつは死ぬかもしれないし、うまそうなやつは持って帰って食べるわけで、そういうのをひっくるめての遊びなんで、せめて感謝の気持ちとごめんねって気持ちと、今日お邪魔しますって気持ちを持ってても罰は当たらんやろと。なんかええことあるかもしれんなと、かなり日本人的な感覚ですけどね。

感謝の気持ちは魚にも向けられる。それは他魚であっても同じだ

Peace's Advice

魚をキズ付ける遊びなんで せめて感謝の気持ちは持とう

Qトップトーナメンターになるために取り組んだことを教えてください

A 海を見る力、潮を見る力は絶対に必要です ハリ結びなどは家でみっちり練習しましたね

■トップトーナメンター、プロになるために具体的にはどのようなことをして腕を上げてきましたかい。

◎

プロになるために磨いたことはないんですよ。日本一になりたいと思って磨いたのは、もちろん海を見る力、それは絶対必要なんです。僕のベースのベースなんで、これは海に行って見るしかない。見るべきものはマキエなんでね、マキエが潮を教えてくれるし、マキエのとこにしか魚は集まらんから、結局マキエをどこに撒くか、どう沈んでいくのか、どう流れていくのかを絶えず見ておかないと、それが命ですから。

潮がどっちに流れてるのかが分からなくても、マキエを撒けばマキエのいく方が潮なんでね。仕掛けがいく方が潮ではない。仕掛けは自分の操作次第で違うとこへいっちゃうし、風に負けとったら風に乗っていっちゃうし、そもそも糸が付いているので、そのままではマキエが乗る潮には乗せられない。だからメンディングも必要なんです。

マキエがベースなんですよ。マキエをしっかり見るってことは、トーナメンターには必要ですし、プロを目指すなら海が見られるってのは絶対ですから。イコール、マキエをしっかり見て潮が読めるってことなんですね。それができるようになればいつの間にか潮が見えるようになってくるんでね。

手元を見ずに7秒以内 ハリ結びをとことん練習

これは海を見る力としておいといて、日本一になりたいと若いころに夢を見てやってきたこととしたら、家でできるようなことは必死でやりましたね。

――例えば？

ハリを結ぶ、早く、正確に。こんなんテレビ見ながらでもできるじゃないですか。7秒以内って決めて練習したんですよ。7秒以上使いたくないと。例えば、15秒かかるとしてキタマクラだらけで試合中に10回切られるとしたら、ハリ結びに15秒かける10ですよ。ええときやったら、魚何尾掛けられるねんって話になってきますからね。手返しが早いというのも大切なんですけど、絶対に釣れない時間を減らさないといけない。ハリを結んでる時間は魚が釣れませんからね。

仕掛けのキャストや回収、マキエワークとかは釣り場で覚えていくしかないので、釣りをしてなんぼなんですけど、ハリ結びなんていくらでも修行できるじゃないですか。僕は23歳くらいのころに徹底的にやりましたから。どんだけ早く結べるか、手元を見ずにですよ。試合中は海を見てないといけないからですね。マキエ撒いて海を見ながらハリを結ぶんです。ハリスにちょっとキズがあったりしても、ハリを結ぶのが早かったら結び替えるのが億劫にならない。直結やサルカン結びなんかもそうですね。

マキエがどう沈んでどう流れていくのかをしっかりと目で追う習慣を身に付けることで、だんだん潮の流れが見えるようになってくる

夜な夜な近くの公園で左手で竿を振り続けた

あと、僕はトーナメントのために左手に竿を持ち替えて、右手でマキエを撒くようにしました。

――正確にマキエを撒くためでしたよね。

右が利き腕なので、最初は右手で竿を振って、左手に持ち替えて右手でマキエを撒いてってやってたので、竿を持ち替えずに左手でマキエを撒く練習もしたんですが、なかなかうまくいかない。格好よくもないし、飛ばないし、コントロールも悪いし。マキエが命の世界なので、これはいかんなと。だったら竿を左で持てばいいわと思ったんです。

左手での竿の操作も最初は思うようにいかなかったですが、それも練習でずっと素振りしてね。家の前の公園で夜な夜なグラウンドに出て糸を出してウキつけて、ウキだけだとキズがついていやなのでガムテープでぐるぐる巻きにして。左手だけでバンバン投げてました。だから慣れるまで相当左腕痛かったですもん。それだってトーナメンターになるための練習でしたね。

手元を見ずに7秒以内にハリを結ぶと決めて、日夜自宅でトレーニングしたピースは、海を見ながらのハリ結びもお茶の子さいさい

――どれくらいで狙ったところに飛ぶようになりましたか。

2、3カ月は楽にかかりましたね。そのころは家から通勤してたので毎日帰ってきて練習してましたからね。野球部のころに毎日素振りしていたので、そんなんは全然気にならない。やっぱりね、練習せんといかんのですよ。「練習は海に行かないとできない。でもそんなに回数行けないんです」って相談を受けることも多いんですけど、いやいやそうじゃないよ、公園で竿振ったらええやん。恥ずかしがったらあかんよ、夢があるんならっていいますからね。

キャストもそうですが、ハリスの強さも左手だけでは分からなかったので、きれいに仕掛けを作ってフェンスにハリを引っかけて、どこまで左手一本で引っ張れるのかとか、1・5号ハリスってどんだけ強いんやとか、体に染みつくまで何回もやりましたね。そういうのも、釣りのための練習ですから、これはすぐにできるんじゃないですね。

――釣り場だけじゃなく家でできることはしっかり練習することが本当に大切ですね。

それは普段の釣りにも生きてきます。建て直しが早い、トラブってからもすぐできますからね。

夜な夜な公園で練習をしたおかげで、いまでは左手一本で狙ったところへビシバシ仕掛けをキャストできる

Peace's Advice

公園で竿を素振りしたりとか夢があるなら恥ずかしがるな

新たなる出会いや感動を求めて今年もピースは全国の磯を駆ける

Q 一番感動した魚と釣ってみたい魚は？

A 狙い続けて釣った沖ノ島の尾長グレや沖縄のカーエー 伊豆下田沖のデカいシマアジをフカセで釣りたいね

■今まで釣った中で一番感動した魚、グレ以外で釣ってみたい魚を教えてください。

◎

いっぱい感動しすぎてますからね（笑）。

──2018年12月中旬、高知県沖ノ島《おきのしま》三ノ瀬《さんのせ》2番裏で釣られた尾長グレ60《センチ》はいかがですか。

あれは感動しましたね。やっぱりサイズもいいし、高知の尾長狙いに通い続けてますから。見えてる魚で、そこにいるのが分かってて食わせられない悔しさもあって。50《センチ》クラスは確率高く80《パーセント》くらいは掛けて取れてるんですけど、その中でやっぱり60《センチ》クラスっていうのはね。しかも浅いところでのされかけて瀬の向こうに回られてからのやり取りだったのでね。シマノTVの『尾長チャレンジ』で釣ったこの尾長は、すごい魚体なんですよね。あれはやっぱり心震えるものがありますね。たまたまきたやつじゃなくて狙って釣ったやつなんで格別ですもんね。

──グレ以外で釣ってみたい魚はいかがですか。

フカセタックルで狙うシマアジですね。過去に60《センチ》クラス、3《キロ》は2枚釣ってますが感動しますね。あいつも見えてるんですよ。そんなに回数は行けてないですが、チャレンジしているのは（静岡県南伊豆《みなみいず》）下田《しもだ》沖の横根《よこね》ってとこに居着いているシマアジなんです。そんときもグレタックルで掛けたのですが、やり取りが半端ないんですよ。グレ族にはないスピードとスタミナなんです。尾長よりもさらにタイトに瀬際にいきます。

食わせるのも難しいし、日によって違いますけど、見える日には2《キロ》クラスから10《キロ》を超えるような魚が見えてくる。全部を見ながら釣るんですね。シマアジタックルを持ち込んで何尾も掛けてるんですけど、引っ張り合いでバチッと飛ばされたりハリが伸びたり口が切れたり。これはちょっと一生かけてもいいので、70《センチ》オーバー、80《センチ》オーバー、フカセタックルでかなり難易度は高いですが、こいつは釣ってみたいですね。

夜ではなく昼釣りで釣りたかったカーエー

あと感動した魚では沖縄のカーエーがありますね。カーエーって沖縄の人がいう通りめちゃくちゃ引きの強い魚なんですよ。基本は夜釣りでやるんですけど、僕は昼間に3尾釣ってるんです。そんときは雑誌の取材だったんですけどね。リーフの浅いところの下の方で食ってくる。ハリをのまれたら切られるし、引きはイシダイ×尾長×青物みたいなんですよ。のまれたくないし、リーフに擦れたら何号のラインでも切られるし、それを夜釣りじゃなくて昼釣りでの映像に残したかったんですね。

ただ夜釣りに比べて昼釣りは圧倒的に確率が悪いっていう中で、なかなかチャレンジできなかった。それが地元の方の協力もあって2018年は昼間に40《センチ》オーバーを複数枚釣った。最大45《センチ》だったかな。県記録が50《センチ》ちょいくらいの魚なんですよ。走られたら終わりなんで、太いタックルでゴリ巻きする。それを昼間に釣れたので感動しましたね。たくさんいるやつじゃないし、潮とともに入ってくる魚なんで、それをサイトで釣っていったんですね。ぜひ『ピース・ザ・ムービー』を見てください。

Peace's Advice

狙って釣った魚だからこそ感動もひとしおなんです

Q 夏磯での暑さ対策を教えてください

A たっぷりの水分補給と沖縄の塩は必ず持参 海水で解凍する枝豆にハマってます

■夏磯での暑さ対策や使っているアイテムなどがあれば教えてください。

◎

アイテムとかはないなあ。

―対策はされてませんか。

僕は基本的になにもしてないからね（笑）。

―なんでそんなに暑さに強いんですか。

夏に生まれたからかな。7月生まれ。暑いときは暑いですけどね。まあ、飲み物は恐ろしく持っていきます。ペットボトルの500㏄を10本くらいはとりあえず持っていきますよね。それをこまめに、大量に飲んでます（笑）。汗で出るしね。

僕、船のイサギ釣り（自身が運営するピースボート）は真夏も出るんですけど、パラソルは立ててますね、お客さんもおるし。やっぱり日陰ってぜんぜん違うんでね。暑さに弱いと思うなら、磯はパラソルを立てる広さもけっこうあるので、日陰を作るといいでしょうね。それは全然違うと思いますわ。

―日焼け対策はいかがですか？

日焼け止めは塗ったことないですね。まあ、僕の場合、一年中焼けてますから（笑）。ただ、久しぶりに釣りにいくとか、いきなり日焼けに慣れてないなら、いきなり日焼けするときついんじゃないかな。その場合は日焼け止めを塗るとか、ウエアなんかも長袖で。肌を出している方がダメージは大きくなるでしょうから。

―ウエア類とかはいかがですか。

レインパンツの下は短パンをはいてますが、それがひんやりするやつですね。シャツもあるんやけど、窮屈すぎて着てないですね。

ミネラルが豊富な沖縄の「ぬちまーす」

―食べ物などはいかがですか。

冷やしたきゅうりとかトマトとかをクーラーに入れて持ってくる人もおられますが、あんなのもいいんじゃないですか。水分取れるし冷たいままかじれるし。

それと夏は塩は絶対持ってた方がいいですよ。僕も必ず持っていきます。食塩じゃなしににがりの入った塩。それをなめます。汗をかいたらナトリウムも抜けていって、それで熱中症になったりするので、塩は絶対に多めに取った方がいい。ドリンクでもいいんですけど、僕は塩。沖縄の「ぬちまーす」。独特の製法で作られる塩でマグネシウムやナトリウムが豊富に入ってるんです。

それと近頃はまっているのがコンビニで売っている冷凍の枝豆。それを水汲みバケツに汲んだ海水で解凍して食べる。塩味がつくし、それに塩をかけてもいいですからね。それで塩分補給です。

コンビニで売っている冷凍の枝豆。解凍したあと塩をかけて食べればエネルギーと塩分がチャージできる。冷たいので食べやすいのもいい

Peace's Advice

パラソルの活用や塩分補給で日焼けと熱中症には気を付けて

Q 車内のにおい対策は?

A 魚に振れるタオルとグローブはきっちり手洗い バッカン類はエサを洗い流して乾かすだけで大丈夫

■平和さんは全国のフィールドを舞台に活躍されてます。当然釣行回数が多いので、車内のにおいなども気になるのかなと思うのですが、そのあたりはどうされているのか、荷物の整理とにおい対策を教えてください。

◎

ああ、車ね。そうですね。前はトラックタイプだったので、車内にはにおいも何もない。そこらへんは一番強かったんですよ。今はワンボックスになってますけど「うわっ、クッサ!」ってなったことないですね。鼻がおかしいんやろか(笑)。

——確かにドアを開けてもにおわないですよね。

そうでしょ。きれいにはしてますよ。釣り場には水道設備のないところの方が多いですよね。毎回水洗いして帰れるところがあればいいですけど、海水しかないところでも、ひたすらきれいに洗います。一番においが出るのはハンドタオルとグローブ。魚触りますから。ウエアとかはくさくならないでしょ。あとはバッカン類。バッカンは海水で洗ってエサがついていなければ、そんなににおうものでもないので、洗ったあとは水が切れるように乾かして。濡れてなければにおいはしづらいんでね。

磯靴はすぐにシューズケースに入れてフタをする。そうすればそこからぷんぷんにおいがしてきたって経験、僕はありませんね。車には大型のクーラーも積んでいるので、その中にシューズケースを入れてるのもあるのかな。最大の敵はタオルとグローブです。

——どうされますか。

釣り場から釣り場へということが多いので、必ず洗える場所に持っていって手洗いしています。今日の釣りを終え明日はにおいのないきれいな状態で使いたいからですね。基本的にはタオルとグローブは必ず手洗いです。それまでの移動中はビニール袋に入れてしっかり口を結んでます。もちろん替わりも持っているので、昨日のにおいをそのままってことはないですね。

クーラーを洗うときは内面をキズつけない

——釣り場へ向かう道中でのオキアミとかエサのにおいはどうされてますか。

基本的に全解凍で持っていくことはないです。カチカチに凍ったままクーラーに入れて釣り場に持っていって次の日に使う分だけをバッカンに入れて置いておくし、釣り場の近くのエサ屋さんで解凍をお願いして買うときは、車に積んでいる時間が短いですからね。そんなのもあるからエサのにおいは気にならない。

あっ、そうそう。クーラーで気をつけなあかんことが1個だけ。内側表面の汚れが取れないからって硬いたわしのようなものでごしごしやって、表面に細かいキズがつくと、そこににおいが入り込んでなかなか取れなくなるんですよ。それでにおいが取れないからと意地になってさらにごしごしやるとさらにキズが入ってにおいが染み込んでしまう。僕も何回も経験してるのでね、軟らかいスポンジなどでキズつかないよう優しく洗う癖をつけることですね。

魚をつかむグローブやタオルはにおいがつくので、毎回きっちり洗う。もちろん替えがあるので、いつもフレッシュな状態で使えるのだ

Peace's Advice

バッカン類は海水でもとにかくきれいに洗うこと

Q いろいろな釣りをすることでグレ釣りに役立つことは？

A フカセ釣りでは分からない様々な情報が得られ海の中をイメージして釣りが組み立てられる

■釣りのうまい先輩からいろいろな釣りを体験することはグレ釣りにも役立つといわれました。平和さんが、この釣りはグレ釣りに役立ったというのがあれば教えてください。

◎

僕はボートフィッシングのガイドを本格的に始めて12年ぐらいなんですけど、船の上からエギだったりルアーだったりいろんな釣りをすることで、考え方が変わりましたね。

ルアーって投げて巻いてきて動きの中で食わせる。あるいは沈めてしゃくるとか、海底まで沈めて狙うとか。大きなもの重たいものを使うので海の中の潮とかが伝わりやすくなるんですね。

エギだったら沈めてしゃくっていくときに、引き抵抗が強いところと弱いところがある。下の潮がこっちにきてるから弱いとか、潮下から潮上方向に引いてるから強いとかが分かりやすい。根魚狙いなら底を釣ることで底質が硬い場所も分かる。

フカセ釣りって丁寧に静かに流す、静かに待っているという釣りですから、よほどの激流でない限り、潮の抵抗を直接仕掛けで感じるのは難しい。それにウキを沈めるといったって、底まで入れていくわけじゃないですしね。

そういう海を知るっていう意味ではほかの釣りをすることで感覚を養える。海の中をイメージできればフカセ釣りでも思いつくことがいっぱい出てきますよね。

――磯に上がった朝一にルアーを投げることもありますよね。

あっちは潮が効いているなとか、こっちはめっちゃ深いやんとか、こっちは浅いけど、あそこには瀬があるなとか、あっちの底はフラットだぞとか。見た目には分からない、フカセ釣りだけでは分からない情報がルアーで釣れる魚を狙いながら短時間で収集できます。

それで、そろそろフカセ釣りをやろうかというときに、これらのことが分かった上でスタートできますから、よりプラスになると思います。だからできるだけいろいろな釣りをやられた方がいいと思いますよ。

朝一にルアーを投げることで、フカセ釣りの組み立てに役立つ様々な情報を得ることができる

Peace's Advice

ルアーは大きく重たいので底の形状なんかがよく分かる

おわりに代えて

メッセージ

グレ釣りファンの皆さんへ

誰も最初は素人です。初めてグレを釣ってドキドキし、よく引いたなと驚いて。そんな楽しみからスタートし、いろんな人に教わって本や映像で学んで、少しずつ体験を増やしていく。そこでまた知らない壁にぶち当たり、それを越えたいと強く思う。学ぶことで新しい知識が増え、それまで出会えなかった魚に出会えていく。振り返れば僕の釣りはそういったことが延々と続いているのです。

経験を重ねるにつれて知識は増えましたが、通用しないことはあるし、うまくいかない日もある。だからこそ、いまでも訪れた先では地元の人とできるだけ話をするし、その海のことをずっと見ている船長とはいっぱい話をします。もっといっぱい釣りたいから、まだまだいっぱい学びたいから、それが楽しいんですね。

この本では、こうして僕が培ってきたノウハウをできるだけ分かりやすく答えさせていただきました。季節や地域、その時々の状況によって海は変わるし魚たちの反応は違ってきます。だからこそ答えに絶対はありませんが、僕が信じるベストをお話ししています。

僕の本と出会ったことで学ぶ楽しさを知ってもらえれば、グレ釣りの楽しさはもっともっと広がっていくと思います。

平和卓也

プロの磯釣り師がアナタの悩みを一刀両断!!

グレ釣りアカデミー

釣り場でのピンチをズバッと解決

平和卓也

ルアマガbooks

編集・撮影
磯釣りスペシャル編集部(フィッシング・ブレーン)

イラスト
楠田英男+根塚亜樹子(イラストワークカムカム)
田岡佳純(h.g.l)

デザイン・レイアウト
丹田吾一(タンダ デザイン)

発行日　2020年12月10日　第1刷
著　者　フィッシング・ブレーン
発行者　清田名人
発行所　株式会社 内外出版社
〒110-8578 東京都台東区東上野2-1-11
企画販売局 ☎03-5830-0368

印刷・製本　株式会社 シナノ

©内外出版社

本書を無断で複写複製(電子化を含む)することは、著作権法上の例外を除き禁じられています。
また、本書を代行業者などの第三者に依頼して、スキャンやデジタル化することは、たとえ個人や家庭内の利用であっても一切認められておりません。

落丁・乱丁本は送料弊社負担にてお取り替えいたします。